MARCIELE SCARTON

O GRANDE PODER

ACESSE SUA FORÇA FEMININA PARA ALCANÇAR
TUDO O QUE DESEJA

Diretora
Rosely Boschini

Gerente Editorial Sênior
Rosângela de Araujo Pinheiro Barbosa

Editoras
Audrya Oliveira
Rafaella Carrilho
Deborah Quintal

Assistente Editorial
Mariá Moritz Tomazoni

Produção Gráfica
Leandro Kulaif

Preparação
Thais Rimkus

Capa
Anderson Junqueira

Projeto Gráfico
Márcia Matos

Adaptação e Diagramação
Mariana Ferreira

Revisão
Bianca Maria Moreira
Wélida Muniz

Impressão
Assahi

CARO(A) LEITOR(A),
Queremos saber sua opinião
sobre nossos livros.
Após a leitura, siga-nos no
linkedin.com/company/editora-gente,
no TikTok **@editoragente**
e no Instagram **@editoragente**,
e visite-nos no site
www.editoragente.com.br.
Cadastre-se e contribua com
sugestões, críticas ou elogios.

Copyright © 2024 by Marciele Scarton
Todos os direitos desta edição
são reservados à Editora Gente.
R. Dep. Lacerda Franco, 300 – Pinheiros
São Paulo, SP – CEP 05418-000
Telefone: (11) 3670-2500
Site: www.editoragente.com.br
E-mail: gente@editoragente.com.br

Dados Internacionais de Catalogação na Publicação (CIP)
Angélica Ilacqua CRB-8/7057

Scarton, Marciele
    O grande poder : acesse sua força feminina para alcançar
tudo o que deseja / Marciele Scarton. - São Paulo :
Autoridade, 2024.
    192 p.

ISBN 978-65-6107-024-9

1. Desenvolvimento pessoal 2. Mulheres – Sucesso I. Título

24-4439   CDD 158.1

Índices para catálogo sistemático:
1. Desenvolvimento pessoal

Este livro foi impresso pela gráfica Assahi
em papel lux cream 70 g/m² em novembro de 2024.

NOTA DA PUBLISHER

Muitas mulheres ainda carregam o peso de equilibrar carreira, família, relacionamentos e autocuidado, e essa pressão pode ser esmagadora. Em um mundo que nos exige perfeição em todas as áreas, acessar o nosso poder interior parece uma tarefa desafiadora, mas é justamente aqui que reside a chave para a verdadeira transformação. Em *O grande poder*, Marciele Scarton nos mostra que se reconectar com nossa força feminina é essencial para alcançar uma vida mais equilibrada, confiante e realizada.

Marciele, mentora dedicada ao desenvolvimento feminino, traz uma abordagem acolhedora e autêntica, nos conduzindo por uma jornada de autodescoberta e empoderamento e nos mostrando que, ao nos reconectarmos com nossa essência, podemos redefinir o sucesso nos nossos próprios termos. Cada página deste livro reflete o comprometimento da autora em transformar a vida de mulheres, oferecendo ferramentas práticas para que possamos utilizar nosso poder de modo consciente e significativo.

Ao longo do livro, Marciele nos apresenta um caminho claro para equilibrar os diferentes pilares da vida, sempre valorizando nossa essência e autenticidade. Ela nos guia pelos sete passos essenciais para viver com mais clareza, coragem e leveza, ensinando que, quando acessamos nosso poder feminino, podemos viver de acordo com nossos verdadeiros desejos, sem nos moldarmos às expectativas alheias.

Convido você a se aventurar nessa leitura poderosa e transformadora. *O grande poder* é mais do que um livro, é um guia para todas as mulheres que desejam viver de maneira plena e autêntica, aproveitando suas conquistas com leveza e equilíbrio. Vamos juntas nesta jornada para acessar todo o poder que já existe dentro de nós!

Rosely Boschini
CEO e Publisher da Editora Gente

DEDICATÓRIA

Dedico este livro a todas as mulheres, forças propulsoras do amor e veículo da leveza, para que entendam que o grande propósito é vivermos felizes, tranquilas e plenamente realizadas. Em especial a você, que agora inicia esta leitura. A todas que vieram antes de mim e já não se encontram neste plano, mas que fizeram com que hoje o caminho não fosse tão árduo. Em particular aquelas de minha família.

A minha avó paterna, Rosa, em memória, borboleta-azul sempre a me guiar. A minha avó materna, Delésia, a mulher mais sábia que já conheci, meu modelo de três importantes características da essência feminina: independência, vitalidade e curiosidade. Sem dúvida, se ela tivesse nascido nesta época, faria algo que a tornaria mundialmente conhecida.

A minha resiliente mãe, Joana. Desde que acessei meu Grande Poder, entendi que todas as vezes que discordei dela foi por viver em tempo, cultura e com concepções diferentes. Passei a questionar como eu agiria nas mesmas condições que ela. Não tenho como saber, mas essa pergunta mudou a lente de meu julgamento, e então pude enxergar como ela é maravilhosa e o tanto que a amo e a respeito.

A minha filha Améli, que transbordou em minha vida a energia feminina mais pura. Foi quando ela ainda estava em meu ventre que o projeto deste livro se vislumbrou; e a escrita aconteceu enquanto eu a embalava em seus primeiros meses de vida. Que ela já tenha de partida o repertório que levei décadas para construir e registrar nestas páginas. Que aproveite essa vantagem e desfrute com ainda mais abundância e prosperidade a vida. Desta forma, que seja sempre a borboletinha mais leve e suave. Amo-a infinitamente.

AGRADECIMENTOS

Fernando Menezes Cruz, parceiro de sonhos e de vida, obrigada pelo apoio incondicional, por me incentivar a cada passo e por acreditar em meu propósito a ponto de torná-lo prioridade em nossos planos. Muito obrigada por tanto amor, cuidado, respeito e admiração e por continuar sendo aquele namorado de vinte anos atrás. Meu filho, Antoni, obrigada por ter inundado minha existência com seu jeito doce, seu sorriso largo e genuíno, por ser sol em minha vida, por ser do jeitinho que é. Obrigada por serem presença masculina saudável e fortalecedora em minha história. Amo-os infinitamente!

Agradeço também à força universal imensurável e indescritível que me move. A Jesus, sempre acima de mim, nutrindo-me com sua luz dourada. A Maria, Nossa Senhora, sempre à frente de meus caminhos. Ao arcanjo Miguel, que cerca minha família com sua proteção. E a toda a minha egrégora de luz, que vibra por mim e leva a meu coração tanto amor e acalento.

Agradeço a meu Eu Superior, que me conduz a ser e a manifestar toda a minha potencialidade, cumprindo minha missão.

Obrigada, dona Cleci (em memória), por tudo, em especial por seus auxílios que sempre chegam como sopros no ouvido e de outras formas surpreendentes. Obrigada, Carmem Cagliari, por ser importante ponte entre mim e a espiritualidade.

Obrigada às personagens reais do livro *Mulheres do interior*, que compartilharam histórias de vida que tanto inspiram meu trabalho – algumas delas, inclusive, neste livro.

Agradeço à Fernanda Tomasi, coautora de *Mulheres do interior*, sua obstinação em buscar e ouvir cada história feminina que fez chegar a mim e a parceria em projetos que me são tão caros.

À Larissa Mungai, pelos primeiros conhecimentos profundos e sem rótulos sobre essência e força feminina, que acessei em seus cursos.

Ao pesquisador Dr. Marcos Botton, que altruisticamente apostou e investiu em meu projeto de valorização feminina, orientando-me a respeito da estruturação, do lançamento e da comercialização de minha primeira palestra e contribuindo para que eu me empoderasse de meu propósito e meu potencial.

Ao Geronimo Theml, cujo método foi a porta de entrada para minha atuação com desenvolvimento pessoal, por meio do coaching levado a sério.

Ao mentor Bruno Lobão, que me fez enxergar o tamanho de meu método, instigando-me a expressão que o intitula.

À editora Audrya Oliveira e demais profissionais da equipe, em especial Rafaella Carrilho e Deborah Quintal Vieira, por tanto carinho e respeito com meu texto e minha mensagem.

À Luísa Boschini Adamowski, Fabrício Batista, Héllen Gomes e toda equipe comercial da Editora Gente.

À Rosely Boschini, CEO da Editora Gente, que conduz empresa de tanto propósito e me permitiu chegar a muito mais lugares e mulheres.

À grande presença feminina em minha família: minha irmã, Taís, e minha afilhada, Vitória, obrigada pela amorosidade que têm comigo e pela forte conexão. Tia Ana, obrigada por ocupar um lugar importante em meu coração. Tia Ilce, obrigada por ser rede de apoio. Thithi (tia materna Cleci), saiba que minha criança interior guarda muito carinho por você.

Meus avôs, Amélio e Fernando, em memória, agradeço pela lembrança de homens serenos e fortes. Ao meu pai, Sérgio, pelo incentivo para estudar e ser independente.

Lisiane Mazetto, do Via Attiva Espaço de Dança, obrigada pelo importante apoio na realização da primeira edição presencial de minha mentoria em grupo, anos atrás.

Agradeço, ainda, a minha mentoreada e comadre Lisiane Mello, que tanto acreditou no potencial de meu trabalho, de modo a fazer todas as mentorias, desde o começo.

A todas as minhas mentoreadas, agradeço a confiança depositada em mim para guiá-las, permitindo que eu semeasse meu propósito e colhesse frutos na forma de suas realizações e conquistas.

Meu agradecimento do fundo do coração à sororidade destas mulheres incríveis que prontamente colaboraram com o lançamento deste livro:

Ângela Rossi Marcon
Fabiane Regina Bottezini Santarosa
Lisiane Mello
Marta Capra Carini
Paloma Forest
Viviane Zanella

E minha gratidão emocionada a estas mulheres incríveis e empresas lideradas por suas forças femininas, que contribuíram com o lançamento deste livro, mostrando que o nosso poder se amplia e transborda quando mulheres apoiam mulheres:

Maristela Tomasi Chiappin – Escola Impulso Bento/Caminho Rede de Ensino
Rosane Meggiolaro Cappelletti – Vinhos Cappelletti
Silvia Bohm Agusti – Escola Fonte de Ideias
Maitê Dall'Onder Michelon – Dall'Onder Hotéis
Dra. Carolina Bettoni – Dedicare Clínica da Mulher
Vanessa Ferranti e Daiana Bianchini – Ferranti & Bianchini Advocacia
Léia Meotti Biomédica Esteta
Natália Bertuol – Hooa Livres Ideias
Katiane Beatriz Osmarini – Vida Ativa Estúdio de Treinamento Personalizado
Vanessa Pereira Cantelli – Donne Bellezza Única e Pousada Cantelli
Fernanda Tomasi – Casa Tomasi
Camila de Castria – Jardim Zen
Carla Adriane Herzog – Espaço Infantil Vida Verde
Carla Lizott – Estúdio TowerFit
Sabrina Roman Consultoria
Luciane Bigolin – Prazzari Alimentos
Fran Zanotto Eventos Minimalistas
Carmem Cagliari – Espaço Lótus Bem-estar e Autocuidado
Franciele Luzzi – Floa Ideias e Negócios
Jane Sartori – Jane Casa do Sol
Fabi Pradella Estilista
Caroline Osmarini – Das Origens, alimento para o corpo e alma

Também registro aqui, pelo apoio e pela torcida, minha gratidão à Taís Bertoldi Scarton e ao Michel Contini, do Haras Recanto do Gaúcho.

Ao Marcelo Carvalho, da Matrixx Multimídia e Multiverso Podcast, agradeço especialmente pela parceria nas gravações da primeira temporada do podcast O Grande Poder.

E a todas e todos que de alguma forma torceram e vibraram comigo ao passo que esta obra foi tornando-se realidade.

Obrigada, obrigada, obrigada!

SUMÁRIO

PREFÁCIO 12

APRESENTAÇÃO 14

INTRODUÇÃO: DESPERTE SEU GRANDE PODER! 16

CAPÍTULO 1: "EMPODERADA!" SERÁ MESMO? 25

CAPÍTULO 2: QUAL É SEU PRINCIPAL DESAFIO HOJE? 33

CAPÍTULO 3: O PARADOXO DA FELICIDADE FEMININA 41

CAPÍTULO 4: OS SETE PASSOS PARA SE TORNAR UMA MULHER DE SUCESSO
E REALIZADA 49

CAPÍTULO 5: PASSO 1 - CLAREZA 63

CAPÍTULO 6: PASSO 2 - CORAGEM 79

CAPÍTULO 7: PASSO 3 - INDEPENDÊNCIA 93

CAPÍTULO 8: PASSO 4 - AUTOESTIMA 109

CAPÍTULO 9: PASSO 5 - PRODUTIVIDADE 127

CAPÍTULO 10: PASSO 6 - EQUILÍBRIO 143

CAPÍTULO 11: PASSO 7 - LEVEZA 163

CAPÍTULO 12: O MAPA PARA SEGUIR COM AUTONOMIA 179

CAPÍTULO 13: MULHERES FELIZES VALORIZAM SUAS CONQUISTAS 189

PREFÁCIO

Este livro tocou profundamente minha alma e meu coração ao mostrar o horizonte aonde nós, mulheres, podemos chegar. Ao mesmo tempo, nos provoca a reconhecer que já fazemos parte de conquistas importantes e que podemos, diariamente, abrir portas para novas e extraordinárias realizações – basta decidirmos e agirmos!

Quando falamos sobre esse grande poder que corre em nossas veias, a grande questão que paralisa muitas mulheres é: como acessá-lo? Por onde começar? Há quem sinta falta até mesmo da energia para desejar, como se estivesse decretado que nada vai mudar, que o melhor é continuar exatamente como e onde está, restando apenas aceitar a realidade. Se esse é o seu caso, então você tem um motivo a mais para ler este livro.

Com quarenta anos de atuação na área do desenvolvimento humano e do autoconhecimento, fiquei profundamente impactada ao ler *O grande poder*. Marciele Scarton dialoga conosco de maneira simples, envolvente, didática e com os pés no chão, enquanto nos conduz com força e clareza pelos primeiros passos para chegarmos aonde, de fato, desejamos chegar.

Sou uma mulher realizadora, que valida o fazer e a acabativa. Gosto de concluir meus projetos, ou seja, de ir até o fim! Sei aonde quero chegar, onde estou e qual é o próximo passo, e por isso me sinto tão segura e confiante para realizar o que precisa ser feito e alcançar meus objetivos. E tudo isso vivo hoje porque lá atrás eu dei "o primeiro passo", e por isso enfatizo sua fundamental importância para todas nós. Mais relevante ainda é a constância; é todo dia seguirmos em movimento por nosso bem-estar, amor-próprio e autoconfiança.

Em *O grande poder*, somos guiadas por sete passos essenciais: clareza, coragem, independência, autoestima, produtividade, equilíbrio e leveza. Com ferramentas práticas de auto-observação e autocuidado, refletimos sobre nossa construção histórica, o que ainda vivemos e o caminho que temos que percorrer em nossas conquistas individuais, culturais e sociais.

Sou uma grande reconhecedora do poder e da força feminina, e contribuir para fomentá-los por meio deste livro é uma honra. Como coordenadora do Processo Hoffman no Brasil, há mais de três décadas acompanho nossas dores e conquistas, e sei o quanto podemos contribuir para nosso próprio crescimento e do nosso planeta em transformação.

Marciele, você nos mostra caminhos com gentileza, amorosidade, cuidado, firmeza, esperança e alegria, tão fundamentais a todos nós. Não foi só um prazer escrever este prefácio, foi um prazer ler este livro!

Querida leitora, siga em frente, continue colocando seus passos em movimento e ative sua força!

HELOÍSA CAPELAS,
especialista em autoconhecimento e inteligência emocional,
autora best-seller, palestrante e empresária

APRESENTAÇÃO

Seja bem-vinda a uma jornada literária que mergulha fundo na vida das mulheres do interior do Brasil, revelando suas histórias de força, coragem e resiliência. As narrativas que você irá encontrar aqui não apenas evidenciam a tenacidade feminina, mas também iluminam a sabedoria e o impacto dessas mulheres em suas comunidades e famílias.

Essa força é intrínseca também à minha história. Eu, Fernanda Tochetto, venho de Nova Roma do Sul, uma cidade italiana típica do interior gaúcho, onde cresci rodeada por mulheres extraordinárias. Minha mãe e minhas avós, todas empreendedoras, sempre foram minhas maiores inspirações. Elas me ensinaram o valor do trabalho duro, da perseverança e da força que reside em cada mulher.

Neste livro, você encontrará relatos que são verdadeiras fontes de inspiração, mostrando como essas mulheres enfrentaram os desafios diários com uma determinação inabalável. Cada história aqui contada é um testemunho da capacidade de superação e da influência positiva que essas mulheres exercem ao seu redor, muitas vezes de maneira silenciosa, mas sempre poderosa.

Essas histórias de força das mulheres do interior da Serra Gaúcha foram a ponte para que Marciele conectasse novas gerações de mulheres ao seu grande poder, através de um método que leva ao fortalecimento interno e a conquistas tanto na área pessoal como profissional. E agora leitoras de todas as regiões são convidadas a acessarem sua potência e colherem muitos resultados para si através da conexão com o seu feminino.

Parabéns à Marciele por esta bela obra. Que estas páginas sirvam como um lembrete da força indomável das mulheres, convidando cada leitora a valorizar e honrar essas contribuições fundamentais que moldam e fortalecem nossa sociedade! Que essas histórias proporcionem o reconhecimento do papel crucial das mulheres e a celebração da riqueza que elas trazem para o nosso mundo, e que esta leitura impulsione você a tirar seus planos do rascunho!

FERNANDA TOCHETTO,
empresária, psicóloga, investidora e autora best-seller do livro
Destrave a sua vida e saia do rascunho

INTRODUÇÃO

DESPERTE SEU GRANDE PODER!

Ao analisarmos as condições de vida das mulheres ao longo dos tempos, percebemos que, comparado com gerações anteriores, hoje, apesar de ainda termos muito o que melhorar, contamos com diversos privilégios e avanços. Se é inquestionável que as mulheres do século XIX enfrentavam dificuldades e proibições, também é verdade que ainda temos de lutar por direitos e lidar com falta de segurança e de respeito. No fundo, a sociedade começou a mudar há menos tempo do que imaginamos.

Imagine uma mulher que nunca se sentou à mesa para fazer as refeições. Ela se alimenta em pé, sozinha, num canto da cozinha, sempre depois de servir os homens. Parece uma realidade distante, certo? Mas é uma cena do século XX. Aliás, essa cena foi vivenciada por uma mulher que teria idade, muito provavelmente, para ser sua avó e cuja história de vida me tocou de modo profundo! Faz apenas três – ou quase quatro – gerações[1] que a sociedade começou, de fato, a respeitar mulheres como indivíduos, a lhes proporcionar os mesmos valores e os mesmos direitos de que desfrutam os homens.

Inicio esta obra com esse apontamento porque foi justamente ao conhecer a vida daquelas que experimentaram essa subserviência na pele que despertei para minha missão de iluminar para todas as mulheres a percepção de que, mesmo após conquistarmos tantos direitos, seguimos aprisionadas pela cultura opressora

---

[1] A igualdade de gênero só passou a fazer parte do direito internacional a partir da Declaração Universal dos Direitos Humanos de 1948. Ver: IGUALDADE de gênero e assembleia geral da ONU: fatos e história a saber. **ONU Mulheres**, 17 set. 2021. Disponível em: https://www.onumulheres.org.br/noticias/igualdade-de-genero-e-assembleia-geral-da-onu-fatos-e-historia-a-saber. Acesso em: 15 fev. 2023.

em que nossas antepassadas foram criadas. Você pode discordar de mim agora, mas vou demonstrar um pouco desse raciocínio ao longo deste livro.

O que vou compartilhar mudou minha história, minha vida, minha família e minha trajetória profissional, mas começou como um simples trabalho de pesquisa jornalística. Eu tinha uma carreira bem-sucedida como assessora de imprensa, era reconhecida e estava em franca ascensão empreendedora na área. Foi nesse momento que surgiu a oportunidade de fazer algo diferente: pesquisar a evolução da vida das mulheres da Serra Gaúcha nos últimos cem anos. Nesse projeto, que se tornou o livro *Mulheres do interior*,[2] tive contato com diversas e emocionantes histórias de brasileiras e, apesar do recorte geográfico, pude analisar a evolução do universo feminino em sua totalidade.

Coletar aquele tanto de histórias me causou profundo desconforto – não apenas por ter percebido como havia sido dura a vida dessas mulheres, mas principalmente por ter me levado a uma comparação e um questionamento desconcertantes: poucos anos atrás, as mulheres nem sequer se sentavam à mesa; hoje, nós ocupamos a cabeceira, tanto em casa quanto no trabalho! Nós somos a principal fonte de renda na maioria das famílias brasileiras.[3] Lideramos empresas, escolhemos com quem queremos nos casar, temos acesso a diversas formas de controle de natalidade... *Diante disso, como podemos ainda estar insatisfeitas, cansadas, angustiadas, desconfortáveis, infelizes?*

Com essa pergunta em mente, comecei a analisar o material que tinha em mãos, relatos de mulheres com idade entre 50 e 96 anos, e descobri algo que me transformou: conquistamos nos últimos tempos sete direitos importantíssimos e dos quais, muitas vezes, nem temos consciência. Eu, mulher bem-sucedida, bem-resolvida, não acessava essas questões, e foi por me deparar com algo tão grave, tão urgente, que aceitei o desafio de mostrar para as mulheres como elas

---

[2] SCARTON, M. B; TOMASI, F. **Mulheres do interior**. Bento Gonçalves: Fernanda Tomasi, 2013. Publicado via Lei de Incentivo à Cultura.

[3] MATSUE, C. Mulheres são principal fonte de renda em 69% dos lares do país. **Valor Investe**, 9 mar. 2022. Disponível em: https://valorinveste.globo.com/objetivo/gastar-bem/noticia/2022/03/09/mulheres-sao-principal-fonte-de-renda-em-69per-cent-dos-lares-do-pais.ghtml. Acesso em: 16 set. 2024.

podem usufruir de fato desses direitos conquistados, desamarrando as mordaças invisíveis que ainda nos calam.

O ritmo acelerado da rotina, as tarefas que nos engolem, a falta de tempo, de dinheiro, de apoio, enfim, a formatação da vida nos impede de aproveitar as pequenas e as grandes vitórias que já obtivemos. Se as que vieram antes de nós não desfrutavam dessas questões porque não podiam, nós o fazemos porque, sem nos darmos conta, abrimos mão. E acredito que você concordará comigo: não podemos mais viver de forma tão retrógrada.

Após o lançamento de meu primeiro livro, que conta a história de mulheres incríveis e suas lutas diárias, desenvolvi a palestra "Na cabeceira da mesa: mulheres felizes valorizam suas conquistas". Sem que eu soubesse, esse já era o embrião do método O Grande Poder. No dia a dia, porém, eu tinha um trabalho que demandava de mim excessivo uso de energia masculina para a conquista de resultados – nesse caso, espaços espontâneos na mídia – para os clientes assessorados. Não desmereço a função, mas descobri que não era o que eu almejava. Isso ficou evidente quando passei a dar palestras e ver os olhos brilhantes das mulheres na plateia.

A identificação com esse público foi tanta que elas começaram a me pedir material ou mentoria que as ajudasse a colocar em prática o que eu, no discurso, as incentivava a fazer. Essa reação foi uma surpresa para mim, porque muitas vezes vinha acompanhada de lágrimas e uma identificação profunda. Claro que eu sabia que minha mensagem era inspiradora, mas a ideia de orientá-las para colocar aquilo em prática não havia passado pela minha cabeça até então. Assim, eu me vi diante de um desafio, mas também de uma oportunidade. Sim, era minha missão de vida batendo à porta. E me tirando do eixo.

Em minha mente, uma voz me impedia de dar esse passo. Eu não queria ser "mais uma nessa penca de coach que tem por aí!", afinal, eu achava que estava bem em minha bolha e não precisava arriscar. Essa voz dizia que eu jamais teria uma carreira de sucesso "cobrando para dar conselhos" – veja como eu não fazia ideia do poder das mentorias! –, mas ao mesmo tempo as mulheres se aproximavam da minha mensagem e me cobravam cada vez mais a aplicabilidade daquilo que eu lhes transmitia. Em outro canto de minha mente, uma pergunta martelava: será que havia maneira de me capacitar a fim de entregar o que me pediam?

Segui nessa dupla jornada por longos três anos e senti o trabalho com assessoria se tornar um peso enquanto os momentos de entrega com as mulheres passavam a ser algo extremamente prazeroso e realizador. O ímpeto para decidir de vez meu campo de atuação profissional veio em meu primeiro pós-parto, em 2018. O nascimento de meu filho trouxe um chamado forte, e eu entendi que para orientá-lo em sua missão de vida, eu precisava estar realizada. Foi quando abracei a mudança.

De modo autodidata, durante os anos anteriores à maternidade, eu havia aprendido muito sobre comportamento e essência feminina, então sentia segurança com esse repertório. Tudo o que estudara eu havia testado e aplicado na vida, tanto na área pessoal como na profissional, e foram esses aprendizados acumulados que me permitiram reunir a coragem necessária para mudar. Ao fim desse processo, eu tinha criado um roteiro para realizar com equilíbrio e leveza tudo o que desejava e passar a viver de maneira totalmente diferente. A clareza que me acompanhou nesse novo caminho prova que tudo o que mudei só fez aflorarem minha essência e meu poder pessoal, características essenciais para que eu desse os passos que havia postergado por anos.

Perceba que demorei muito tempo para entender que era esse tipo de resultado que as mulheres procuravam ao fim das palestras. Entendeu por que não pude atendê-las de imediato, lá no início? Porque ninguém pode conduzir outra pessoa a chegar aonde não chegou! A capacidade para orientar essas borboletas – minhas mentoreadas – só veio depois de eu de fato aplicar a mudança em minha própria vida.

Antes de chegar aqui, centrada e preparada para ajudar você rumo a essa transformação, precisei deixar de ser uma mulher workaholic, que desfrutava de um sucesso que não me realizava, para me reinventar e encontrar satisfação e realização tanto no trabalho como no âmbito pessoal. O sucesso precisa ser, antes de tudo, interno. Hoje sinto que percorri da melhor maneira, e com meus próprios pés, minha mente e meu coração, o caminho para a mulher, mãe, esposa e profissional em que me transformei. Aí, sim, eu me vi pronta para mentorear!

Registro aqui que também fez parte desse preparo uma trilha de formações na área de desenvolvimento pessoal: tornei-me *master coach*, vencendo aquela voz crítica sabotadora que tentou me manter aquém de tudo o que eu posso ser.

Isso, aliás, é algo que também vou ensinar aqui: precisamos superar pensamentos e comportamentos sabotadores.

Antes de meu filho completar um ano, divulguei meu primeiro formato de atendimento individual, com a pretensão de experenciar e ganhar confiança na nova área de atuação. Recomendavam fazer atendimentos gratuitos no começo, mas não fiz nenhum, porque aquelas mulheres das plateias vieram sedentas, e em menos de um mês lotei minha agenda. Em mais alguns meses, já senti necessidade de criar uma mentoria em grupo para ampliar o alcance de minha fala. E o desejo crescente de expandir esse conhecimento para bem mais mulheres – somado à segurança da validação do método a clientes com as mais diversas profissões – levou-me à materialização de uma audaciosa ideia: publicar este livro.

Desvendo aqui, então, os principais aspectos para se livrar das amarras culturais, sociais, emocionais e psicológicas que mantêm as mulheres reféns de uma mentalidade que as reduz a um papel pequeno demais, servil demais, inferior demais, fraco demais para tanto potencial. Nas páginas a seguir, você vai se reconectar consigo e colocar em prática sete conquistas fundamentais para todas nós:

1. o direito de desejar;
2. liberdade para agir conforme suas vontades;
3. a real independência;
4. usufruir de facilidades e praticidades;
5. valorizar e expressar sua beleza;
6. vivenciar o equilíbrio;
7. praticar a espiritualidade sem imposições.

Afinal, quantas vezes você ficou em dúvida sobre o que gostaria de alcançar em sua vida? Quantas vezes lhe faltou coragem para agir em prol de seus objetivos? Deixou de fazer algo porque outra pessoa não lhe deu aval? Quantas vezes se viu improdutiva, mesmo vislumbrando mais de uma alternativa que facilitaria sua vida? Já mudou algo em você por conta de um comentário terceiro? Avalie: em sua vida, existe equilíbrio em todas as áreas? E em termos espirituais... você se sente castigada sem saber o motivo e tem dificuldade de se conectar com uma solução ou um entendimento que traga tranquilidade?

Historicamente, a mulher carrega a culpa, a responsabilidade e o desafio de aguentar de tudo calada, quieta e com graça. Mas hoje temos o direito de levar uma vida mais justa, equilibrada e bem-resolvida com quem verdadeiramente desejamos ser, com o que desejamos sentir e viver.

Eu não tenho como saber exatamente qual é seu sonho, o que você busca mais intensamente, o que você espera encontrar neste livro, mas tenho certeza de que, independentemente de qual seja seu desejo mais fervoroso, a conquista dele passa por acessar o Grande Poder de sua força feminina. Nesse processo, vamos fazer um passeio por histórias de mulheres do passado, valorizando essas sete importantes conquistas, nos apropriando de cada uma delas. A cada capítulo, você vai encontrar conteúdos, exercícios e ferramentas que proporcionam clareza, coragem, independência, autoestima, produtividade, equilíbrio e leveza.

Venha comigo nesta conquista pelo verdadeiro poder!

HOJE TEMOS O DIREITO DE LEVAR UMA VIDA MAIS JUSTA, EQUILIBRADA E BEM--RESOLVIDA COM QUEM VERDADEIRAMENTE DESEJAMOS SER, COM O QUE DESEJAMOS SENTIR E VIVER.

@MARCIELESCARTON

O GRANDE PODER

"EMPODERADA!" SERÁ MESMO?

esde que concluí a faculdade de Jornalismo e comecei a trabalhar na área, fui considerada por muitos uma mulher bem-sucedida e empoderada. No entanto, o que as pessoas que me enxergavam dessa forma não sabiam era que, durante anos, minhas segundas-feiras foram um peso, um verdadeiro tormento para mim, e que isso muitas vezes me fazia me sentir uma fraude. Eu me via em um círculo vicioso: para ter os resultados excelentes de que não abro mão, eu me esforçava além de meu limite e, por isso, vivia exausta, sem tempo para mim, para meu corpo, para minha mente. Eu sabia que isso afetava meu bem-estar e o conforto de minha família, mas eu tentava, dia a dia, me convencer de que esse era o preço do sucesso. Mais que isso, eu queria acreditar que era feliz, sim. Afinal, eu tinha os sábados!

Sábado era meu dia de fuga, o único momento da semana em que eu deixava – ou, para ser bem sincera, *tentava deixar* – meu pensamento longe do trabalho e me permitia relaxar um pouco. Só que era um alívio momentâneo. Era uma breve pausa para tomar fôlego antes da organização da semana seguinte e da retomada do desconforto com a vida. Eu sentia um vazio, uma necessidade de mais e mais reconhecimento e sucesso, numa busca incessante pelo "topo", aquele pretendido lugar a que todos querem chegar, mas apenas alguns conquistam.

Eu não tinha clareza de qual era exatamente o significado de "sucesso" para mim – muito menos de como chegar a esse ponto –, mas tentava acreditar que a vida era assim mesmo, que estava tudo certo, que eu devia realmente trilhar esse caminho a que o mundo se referia e ao qual as pessoas me associavam. Em teoria, era só continuar do mesmo jeito até chegar lá; então, quando isso acontecesse, eu seria, enfim, plenamente feliz.

Talvez você também já tenha pensado que o jeito é se conformar e levar a vida conforme a maré. Mas arrisco dizer que lá no fundo tem uma voz angustiada que diz, a todo momento: "Não, a vida não foi feita para sermos felizes apenas nos fins de semana ou nas férias!". E digo isso porque um dia decidi ouvir essa voz que tanto me incomodava. Foram anos até eu entender que essa era a realidade que eu aceitava para mim, mas que eu não precisava ficar presa a ela, e podia mudar.

Decidi não viver mais apenas aos sábados: eu queria fazer com que todos os dias da semana fossem prazerosos. Primeiro, escutei meu coração, que sussurrava havia tempos que tinha algo diferente e melhor para mim, mesmo que, em tese, eu já tivesse atingido tudo o que era esperado para uma mulher em minha posição. Foi a inquietude do coração que me fez olhar para além da realidade imediata.

Percebi que havia muitas outras possibilidades e que não existia limite para aquilo que eu podia ser. Era necessário, porém, me permitir desejar diferente do convencionado pela sociedade, clareando o que eu de fato almejava para assumir a mudança e, a partir daí, aprender os movimentos necessários para alcançar isso. Nada simples, concordo.

A trajetória de redescoberta é realmente difícil, mas nessa caminhada eu percebi que era possível ir atrás de meus objetivos sem deixar de cuidar melhor de mim e de quem amo, dedicando tempo também para as pessoas ao lado, desfrutando da jornada ao andar com leveza, sem apenas me deixar levar.

Esta obra é para você que quer:

- encontrar o que a fará acordar todos os dias com disposição, feliz e animada para andar na direção da vida que almeja;
- eliminar a sensação de que a batalha não vale a pena;
- tirar o desejo de que a semana passe rápido;
- ser feliz todos os dias, não só "quando dá";
- atingir seus objetivos sem sacrificar filhos, nem casamento, nem tempo de lazer e autocuidado.

Nas páginas a seguir, vou ajudá-la a desvendar o caminho e a assumir sua escolha com convicção. Apresentarei o passo a passo para tirar os sonhos do papel e começar as mudanças necessárias a fim de alcançar a grandiosidade de seu potencial. Para isso, vamos começar pelo básico: o que é preciso transformar em seu comportamento como mulher.

As mulheres hoje são independentes, têm liberdade e autonomia em praticamente todas as esferas da vida. Não nego que temos muito ainda a conquistar quando o tema é igualdade salarial ou direitos reprodutivos, mas não podemos relativizar tudo o que já conquistamos. Todas deveriam desfrutar dessas conquistas, mas muitas sentem-se sobrecarregadas, ansiosas, cansadas, com mais responsabilidades e cobranças do que resultados e recompensas. Apesar dos avanços, há uma insatisfação que paira para as mulheres, algo que as distancia da verdadeira realização.

E o vilão dessa história, acredite, é justamente o empoderamento. Trata-se de uma expressão muito em voga, mas que não se aplica às atitudes do dia a dia e está distante de ser uma característica real de grande parte das mulheres. Convido você a um exercício: visualize a mulher empoderada das propagandas, das homenagens das empresas no 8 de março, do *feed* das redes sociais. Como ela se veste? Qual é a profissão dela? Ou pesquise "empoderada" na internet. Certamente você verá uma sequência de mulheres de terninho, com capa de heroína, uma figura bastante associada à mulher de negócios. Sobretudo nas redes sociais, aparecem mulheres em fotos extremamente produzidas, com poses, semblantes e olhares firmes. Ou com um corpo tido como perfeito e sensual. Em meio a esse "show das poderosas", muitas vezes você pode se sentir inferiorizada e se perceber, no dia a dia e em relação à vida que almeja ter, muito distante desses modelos apresentados.

Antes que me entendam mal, aviso: não tenho nada contra esses padrões. Acho, inclusive, que são mesmo desejáveis se bem utilizados. Eu tenho blazers entre minhas peças preferidas, adoro e utilizo produções fotográficas para me comunicar nas redes sociais, tento sempre transmitir ares de competência em minha linguagem corporal. Mas tudo o que estampamos, se não for condizente com nosso interior, é um castelo de areia. Impossível de se sustentar. Essas imagens que descrevi são maravilhosas quando expressam o real empoderamento, o poder interno da mulher. Já o discurso ilusório que vemos por aí, a não ser que estejamos plenamente conectadas com o poder de nossa força feminina, muitas vezes abala nossa convicção em nós mesmas e impede que conquistemos, com equilíbrio e leveza, o que desejamos. E o mais importante: sem nos abalarmos com comparações e competições que só enfraquecem a luta feminina.

Estendendo um pouco a reflexão sobre a imagem da mulher de sucesso no mercado de trabalho e nas redes sociais, vale pensar no ambiente de escritórios: no mundo corporativo, o terninho foi um divisor de águas ao, visualmente, igualar as mulheres de classe média aos homens após entrada com mais ênfase no mercado de trabalho a partir das décadas de 1960 e 1970. Visto como símbolo de poder e autoridade, uma vez que era vestimenta exclusiva dos homens, sua adesão pelas mulheres foi um exemplo de como a moda acompanha os anseios da sociedade: a peça daria às mulheres acesso aos locais frequentados por homens. Naquele momento histórico-cultural, o terninho foi emblemático; hoje, porém, causa-me indignação ver a disseminação dessa vestimenta para corroborar o que chamo de falso "empoderamento", esse que muitas vezes se limita a aspectos superficiais para julgar atitudes femininas.

Vemos mulheres suprimindo cada vez mais seu feminino, vestindo uma máscara de profissionais de sucesso, mas vivendo um desequilíbrio nos outros âmbitos da vida. Diariamente, muitas de nós assumimos posturas, atitudes, falas e comportamentos mais parecidos com os dos homens, acreditando que somente assim seremos ouvidas ou valorizadas. O que não percebemos é que, deixando de lado nosso grande diferencial, as características essencialmente femininas, muito se perde. É um machismo enraizado, e é doloroso ver isso ainda hoje como marca da sociedade.

Por sua vez, as redes sociais são como uma lupa dos estereótipos da mulher de sucesso. Há alguns anos, o perfil de uma jovem conhecida me encantava, tamanho o empoderamento esbanjado. Pelo que se via ali, a vida dela era perfeita. Corpo padrão, roupas elegantes e estilosas, apresentava-se sempre linda, maquiada, como se fosse diariamente ao salão de beleza. Seu relacionamento também parecia impecável, com viagens românticas, e sua carreira soava promissora... Tão jovem e plena em todos os aspectos! Tudo lhe caía bem.

Eu, com quase dez anos a mais que ela, ainda caminhava, em meio a muitos tropeços, em direção a essa plenitude. Entenda que não era ciúme nem inveja: eu tinha orgulho de ver uma de nós tão bem. Eu a considerava um exemplo a ser seguido, alguém a ser acompanhada de perto. Um tempo depois, soube, porém, que aquela jovem tão alegre, tão realizada das redes, havia tirado a própria vida. Infelizmente, não se trata de um caso isolado.

Hoje eu acredito que minha mensagem pode chegar a mais mulheres a cada dia; eu quero verdadeiramente empoderá-las, mostrar quem são e quais são seus potenciais, conduzindo-as a resultados grandiosos e reais. Incomoda-me profundamente saber que muitas de nós se mostram felizes, mas apenas para manter aparências. Inquieta-me ver mulheres cheias de potenciais – e sonhos imensos dentro de si – conformadas com uma vida mediana ou, pior, desejando muito menos do que são capazes de conquistar. Mais ainda, causa-me indignação que mulheres sintam-se frustradas por nunca se sentirem suficientes nos quesitos ditados pela sociedade como necessários para se encaixar no rol das mulheres de sucesso.

Agora, tire um tempo para refletir: **o que é sucesso para você?** Apesar de ser algo extremamente pessoal, com composições que variam de mulher para mulher de acordo com a essência, o objetivo e a realidade de cada uma, a resposta certamente vai além de uma imagem perfeita a se vender nas redes sociais. A definição de sucesso tende a incluir realização pessoal e profissional; bem-estar e equilíbrio emocional; todas as formas possíveis de amor; equilíbrio, liberdade de tempo e financeira... E tudo isso é proporcionado pelo real empoderamento.

Acredito muito que neste momento, após as primeiras páginas, uma chama tenha sido reacendida em você, fazendo-a perceber o que sua intuição muitas vezes tenta soprar para você: seu verdadeiro poder é confiar em sua própria grandiosidade! Tenho certeza de que essa confiança vai aflorar à medida que você for valorizando suas conquistas e, principalmente, sua essência. Acompanhe esta jornada de aprendizado pessoal e reconhecimento de seu potencial feminino!

TUDO O QUE ESTAMPAMOS, SE NÃO FOR CONDIZENTE COM NOSSO INTERIOR, É UM CASTELO DE AREIA. IMPOSSÍVEL DE SE SUSTENTAR.

@MARCIELESCARTON

O GRANDE PODER

QUAL É SEU PRINCIPAL DESAFIO HOJE?

2

Neste capítulo, vamos focar você. Isso mesmo, começando pelo autoconhecimento, essencial para uma jornada de transformação completa e estruturada. De primeira, um exercício bastante importante para esta autoanálise.

Descreva, nas linhas abaixo, o maior desafio que você enfrenta atualmente.

_____

_____

_____

Ao propor essa reflexão, eu a imagino como uma malabarista, cambaleando com as mãos cheias de objetos, tentando, a qualquer custo, equilibrá-los. Poderia apostar que, em sua resposta, tem ao menos um destes itens: profissão, finanças, relacionamento, maternidade, aparência. Poderia apostar também que você sente uma incompletude diária, agindo como se sempre deixasse a desejar em algum aspecto.

Se é uma profissional de sucesso, considera que falha como mãe. Como mãe zelosa, sente que prejudica a carreira. Para dar conta de conciliar carreira e maternidade, acaba se deixando de lado como mulher, como ser humano. Se ainda não é mãe, recai sobre você a pressão pessoal ou de terceiros para que seja. Se não deseja ser mãe, é julgada por essa escolha. Se seu foco é o trabalho, não deveria, pois desse jeito nunca vai encontrar alguém com quem partilhar a vida. Se discreta, é sem sal; se extrovertida, é oferecida demais. Se tem planos ou obteve êxito financeiro, é gananciosa – e certamente fria. Se viaja e aproveita, é sem prumo. Se esteticamente foge ao padrão, é desleixada; se faz o contrário, é apenas egocêntrica. Se a casa não se encontra impecável, o que seria prioridade? Se cuida de tudo, todos a chamam neurótica... Eu poderia preencher parágrafos e parágrafos com apontamentos desse tipo, e tenho certeza de que você ainda poderia adicionar muitos outros.

De um jeito ou de outro, a mulher sofre cobranças. E, nesse compasso de exigências, é comum ver quem até se conforma que seja assim mesmo. Mas é impossível viver dessa maneira: em algum momento aquela vozinha interna e persistente nos afirma que a vida deveria ser mais suave para comportar, sem prejuízos, todos os seus papéis. E é nessa hora que muitas mulheres sentem que deveriam fazer algo para mudar, para alcançar aquilo que realmente desejam, mas não sabem como prosseguir, como equilibrar tantas demandas da vida.

Existem várias fórmulas que nos são vendidas como ideais para a realização e o sucesso feminino, mas a verdade é que você só se sentirá realizada e plenamente satisfeita quando estiver levando a vida da maneira que deseja. O problema é que a maioria das mulheres não possui clareza de qual é essa vida.

Quase todas buscam equilíbrio entre os âmbitos profissional e pessoal. Muitas clamam por mais tempo para desfrutar e aproveitar as coisas importantes, mas nem conseguem definir quais são suas escolhas e quais são as imposições da sociedade. Seja qual for seu desafio, saiba que uma mulher nunca está sozinha em seus dilemas, que essas são dores comuns, partilhadas por muitas de nós.

Em meu trabalho, algumas frases chegam a mim de forma recorrente, partindo de mulheres que se sentem ineficientes, muitas vezes imersas no fracasso, sentindo o peso cobrado ao aceitar a rivalidade feminina que a sociedade nos empurra.

"Quero me conhecer, me desenvolver, mas não sei por onde começar."

"Eu me sinto paralisada."

"Pareço forte, mas tenho baixa autoestima, desconfio de mim mesma e procuro esconder minhas fraquezas com uma fachada de segurança."

"Tenho muitos desafios que ainda não venci: ser mais assertiva e comunicativa, ter uma vida amorosa e profissional mais satisfatória. Eu me sinto estagnada."

"Não me sinto segura para atuar em minha área."

"Gostaria de ter tranquilidade financeira, mas não sei como alcançar isso."

"Meu sonho é ter mais liberdade, ser dona de meu tempo."

"Queria viver meu propósito."

"Eu não acredito em mim para correr atrás de meus sonhos."

"Eu desejo mais equilíbrio, mas acho que isso não existe, né?"

"Nunca tenho tempo."

"Gostaria de conquistar liberdade financeira, mas parece impossível."

"Meu sonho é empreender, mas não sei nem por onde começar."

"Meu trabalho está insuportável."

"Parece que nunca vou ser promovida."

"Preciso de um novo emprego, um em que minhas capacidades sejam reconhecidas e mais aproveitadas."

"O que me falta em autoestima me sobra em dívidas."

"Busco realização pessoal e leveza no dia a dia."

"Não tenho clareza do que realmente quero e sei que me desvalorizo demais."

"Sei o que mais quero, mas me sinto paralisada pelo medo do desconhecido."

"Reconheço que já tive grandes conquistas, mas cheguei a um ponto em que parece que não posso mais avançar."

"Não consigo controlar meu dinheiro, sempre estou com a corda no pescoço."

"Sempre estou com pressa, não consigo tomar decisões com a cautela necessária."

"Eu tenho muito medo de enfrentar o mundo, parece que tudo é difícil, que sempre tenho muito a aprender."

"Não me sinto preparada para os desafios da vida."

"Quero me reencontrar, fazer uma transição de carreira."

"Procrastino demais."

"Passo o dia totalmente sem foco."

"Gostaria de confiar em mim, acreditar em minhas habilidades e em meu potencial."

"Queria gostar do que vejo no espelho."

"Já não acredito que seja possível ser feliz a dois."

"Acho que meu casamento vai acabar."

"Estou cansada de ficar só, mas já perdi a esperança de um relacionamento decente."

"Queria que meu marido voltasse a me admirar."

"Se eu fosse magra e bonita, metade de meus problemas estariam resolvidos."

"Vivo brigando com a balança."

"Eu dou conta de tudo. Faço muito, mas o resultado não vem."

"Tenho dinheiro, mas não tenho tempo para aproveitar."

"Não posso desacelerar, preciso continuar fazendo a roda girar."

"Sem mim, a casa cai."

"Estou cansada, sem perspectiva."

"Sou um desastre."

"Faço tudo errado."

"Preciso ser mais eficiente."

Sabe o que essas frases têm em comum? Todas foram proferidas por mulheres que, além de certo desencanto e bastante aspereza consigo mesmas, carregam sonhos grandiosos, qualidades únicas, capacidade de realização, uma beleza singular e histórias de vida com algum tipo de superação.

Não esqueço o dia em que Paula,[4] de 37 anos, chegou por volta das 18 horas a meu espaço de atendimento com uma rosa. Ela avistou a flor no caminho para a sessão e parou o carro para colhê-la. No encontro anterior, eu havia proposto um exercício em que ela devia assinalar, entre diversos adjetivos, os que ela acreditava que a representavam. Então, passada essa semana, envergonhada, disse-me que estava arrependida de ter assinalado uma delas, que achava que isso poderia ter modificado o mapeamento de seu perfil comportamental. A palavra era "eficiente".

Essa mulher que se arrependeu de marcar essa característica acorda às 5 horas da manhã, mal consegue tomar um café antes de deixar as crianças a tempo na escola e começar seu expediente no trabalho, às 7 horas. Atua com competência e esmero na área de engenharia, ambiente predominantemente masculino. No fim do dia, busca as crianças, leva-as para casa e organiza a rotina familiar. Paula ainda encaixa brechas semanais para seguir evoluindo: por exemplo, buscou a mentoria e uma pós-graduação a fim de dar novos e maiores passos na carreira. Todas as noites, dedica-se aos filhos e aos afazeres domésticos. Por fim, desaba na cama. Daquelas rotinas tão atribuladas, diversos são os momentos em que ela só respira porque é automático; caso contrário, nem para isso sobraria tempo. Em meio a tanto, ela ainda consegue espaço para ser tão gentil e me dar uma flor.

Uma supermulher, assim como tantas outras que seguem rotinas semelhantes, mas duvidam da própria força e não se consideram eficientes. Nas primeiras vezes em que me deparei com essa situação, percebi a responsabilidade que tenho com meu trabalho de mostrar para as mulheres que duvidam de sua eficiência como estão erradas, que essa não passa de uma ideia limitante.

---

[4] As histórias das mentoreadas que constam no livro são reais, porém, para preservar a identidade dessas mulheres, foram utilizados nomes fictícios. Já as mulheres entrevistadas aparecem com os nomes verdadeiros.

Pense em sua rotina e tudo o que ela inclui. Ser profissional, mãe, esposa, amiga e desempenhar outros papéis que ainda podem caber na rotina de uma única mulher não nos permite ser ineficientes. Se você em algum momento já pensou isso, precisa voltar seu olhar para si mesma, porque pode estar sendo acometida pela síndrome da impostora. Em um estudo do fim da década de 1970,[5] feito apenas com mulheres consideradas bem-sucedidas, identificou-se que elas apresentavam tendência a se sabotarem, de modo que, quando atingiam um grau de sucesso ou estavam a caminho de uma nova conquista, duvidavam de sua capacidade. Era como se questionassem a si mesmas se haviam atingido esse ponto por sorte ou acaso, nunca por competência e esforço, sofrendo com a ansiedade de serem descobertas por seus pares como uma grande fraude.

Uma vez que somos cobradas e julgadas em todos os aspectos, não é demais o reforço desta mensagem: todas nós, mulheres, em nossas rotinas, somos imensamente eficientes. Precisamos reconhecer isso e nos apropriarmos de nossa potência para seguirmos ampliando nossas conquistas. Então, seja quais forem seus desafios, mulheres não são ineficientes, muito menos fracassadas. Quando muita coisa (ou tudo) parece fora dos eixos, lembre-se de que você está em sua fase lagarta, que ainda não virou a borboleta em que pode e vai – tenho certeza – se transformar ao se permitir passar pelo processo assustador, mas necessário, de crescimento.

Eu vejo isso todos os dias em meus atendimentos. Bastam alguns minutos de conversa sobre as trajetórias de vida que logo vejo as asas resplandecentes partindo rumo aos objetivos que flamejam em seus corações. Paula não demorou para revelar que tinha, no fundo, o sonho de construir sua própria rede de salas comerciais e hotéis. Essas mesmas mulheres, ao começarem a olhar para si com mais amorosidade e orientação, logo passaram a expressar-se de outras formas:

- "Vou começar a divulgar meu trabalho nas redes sociais."
- "Vou fazer um planejamento."

---

[5] CLANCE, P. R.; IMES, S. A. The Imposter Phenomenon in High Achieving Women: Dynamics and Therapeutic Intervention. **Psychotherapy**, v. 15, n. 3, p. 241–247, 1978.

- "Preciso buscar um emprego à altura de minha capacidade."
- "Vou me alimentar melhor e fazer atividade física."
- "Vou me permitir descansar."
- "Estou pronta para conquistar novos clientes."
- "Vou abrir meu negócio, esse vai ser um primeiro passo."
- "Devo defender minhas convicções, preciso me posicionar."
- "Vou me vestir melhor."
- "Vou abrir meu coração para um relacionamento saudável."
- "Eu mereço um novo amor."
- "Finalmente vou comprar aquele carro."
- "Vou vencer o medo de dirigir."
- "Vou fazer uma viagem dos sonhos, com ou sem companhia."
- "Vou ter um grande empreendimento."
- "Vou ser mãe, uma grande mãe."
- "Serei mãe e referência em minha área profissional."
- "Serei promovida."
- "Vou me matricular naquele curso."
- "A partir de agora, vou agir conforme minhas vontades."

Esses são apenas alguns exemplos.

Agora o foco deixa de ser seus desafios, passa a ser seus objetivos, aqueles que estão à altura de sua real potencialidade. A partir deste momento, comprometa-se a seguir em direção ao empoderamento necessário para conquistá-lo.

Escreva aqui a realização que faz seu coração vibrar:

O PARADOXO DA FELICIDADE FEMININA

m 2020, em estudo feito junto à Universidade Católica de Brasília, os homens apresentaram índices melhores que as mulheres em relação à percepção de felicidade.[6] Em 2022, outra pesquisa, esta da Federação Brasileira dos Bancos, feita com mulheres de todas as regiões do país, indicou uma média de insatisfação feminina superior a 80%.[7] Dados como esses validam minha teoria de que a insatisfação feminina tem se salientado nas últimas décadas. Essa sensação generalizou-se de tal modo que cientistas de vários cantos do mundo têm se debruçado sobre o chamado "paradoxo do declínio da felicidade feminina", que, em resumo, sugere que, embora a figura da mulher na sociedade tenha evoluído nas últimas gerações com conquista de direitos e de voz, sua felicidade declinou de maneira absoluta e relativa quando comparada à dos homens.

O "paradoxo do declínio da felicidade feminina" é uma expressão que surgiu em 2009, a partir de uma pesquisa feita por economistas americanos.[8] O estudo deles evidenciou que, mesmo após décadas de conquistas, o índice de felicidade das mulheres encontrava-se em queda, diferentemente do que se esperava. Até a década de 1970, a percepção de felicidade nas mulheres era bem maior, chegando a superar a média masculina; no início do século XXI, a situação se inverteu.

Os resultados daquela pesquisa foram reforçados quando, depois de mais de uma década, em 2022, um estudo no Reino Unido que utilizou dados de vários países confirmou que os homens se sentem mais felizes que as mulheres.[9] A análise mostrou que elas têm piores avaliações em termos de saúde mental que eles, independentemente do quesito avaliado – ansiedade, depressão,

---

[6] FURTADO, C. A. **Condições pessoais de felicidade e engajamento no trabalho:** evidências de relação. 2020. Dissertação stricto sensu em Psicologia, Universidade Católica de Brasília, 2020.

[7] FEBRABRAN, **Mulheres, preconceito e violência**. Brasil: Febrabran, 2022.

[8] TEVENSON, B.; WOLFERS, J. The Paradox of Declining Female Happiness. **American Economic Journal,** 2009.

[9] BLANCHFLOWER, D. G.; BRYSON, A. **The Female Happiness Paradox**. Disponível em: www.nber.org/system/files/working_papers/w29893/w29893.pdf Acesso em: 20 ago. 2024.

medo, tristeza, solidão, raiva – e apresentam sono mais agitado e mais insatisfação com aspectos relacionados a economia, educação e serviços de saúde, bem como a suas atitudes em termos de paz e calma, alegria, vigor e descanso.

A queda na percepção de bem-estar feminino já era acentuada mesmo antes da pandemia, mas agora os números explicitam que falar em infelicidade feminina, mesmo com tantos avanços, não é mais um paradoxo, mas uma realidade. E a explicação é simples: a sobrecarga.

O excesso de demandas para manter os direitos conquistados e seguir lutando para diminuir as diferenças entre gêneros também é. Segundo a Organização das Nações Unidas (ONU), ainda serão necessários cerca de oitenta anos para se alcançar a paridade de gênero na economia.[10] Na esfera profissional, em pleno 2024, as mulheres vivenciam inequidade de salários, cargos e reconhecimento, além de experimentarem produtividade tóxica para o alcance de resultados cada vez mais irreais.

Soma-se a isso o fato de que as mulheres conquistaram o mercado de trabalho, mas continuaram majoritariamente responsáveis pela casa e pelos filhos. Uma pesquisa da organização Care, realizada em 38 países, mostrou que 55% das mulheres exercem papéis de cuidado em casa (contra 18% dos homens).[11] No acompanhamento escolar, é ainda mais gritante a diferença: quase toda a atenção às crianças é responsabilidade das mulheres. No Brasil, 48% dos lares são chefiados por mulheres, segundo dados do Departamento Intersindical de Estatística e Estudos Socioeconômicos (Dieese)[12] – e por isso a importância de aumentar a atenção para com a saúde mental dessa população.

---

[10] VIEIRA, I. ONU estima em 81 anos prazo para existir equidade de gênero na economia. **Agência Brasil**, 7 mar. 2015. Disponível em: https://agenciabrasil.ebc.com.br/geral/noticia/2015-03/onu-estima-em-81-anos-o-prazo-para-se-atingir-equidade-de-genero. Acesso em: 5 jul. 2024.

[11] COVID-19'S Impact on Women and The Private Sector's Rapid Response. **Care Corporation Council**. Disponível em: www.care.org/wp-content/uploads/2020/09/Council-COVID-19-Concordia-Report-FINAL-3.pdf. Acesso em: 5 jul. 2024.

[12] BOLETIM especial 8 de março Dia da Mulher. **Dieese**, mar. 2023. Disponível em: www.dieese.org.br/boletimespecial/2023/mulheresRurais2023.html. Acesso em: 16 set. 2024.

O Serviço de Saúde do Reino Unido registrou um dado curioso: uma pesquisa mostrou que as mulheres só são mais felizes que os homens quando chegam aos 85 anos,[13] momento em que geralmente estão aposentadas, mais livres de atividades domésticas e, muitas vezes, viúvas.

Ainda há a pressão estética, que exige corpos irreais ante a ação implacável do tempo. Vale lembrar que esse aspecto já era confrontando na década de 1990 pela escritora Naomi Wolf, em *O mito da beleza*.[14] Nele a autora salienta como as exigências midiáticas mantêm as mulheres distantes da autonomia financeira: se passaram a ter renda, destinam boa parte do dinheiro em busca de um padrão de beleza que é sempre, e cada vez mais, inatingível.

Também entram nessa conta os diversos exemplos de como somos diariamente afetadas pela violência, pelo machismo e por uma estrutura patriarcal e racista. Ou seja, pensar na lista de desafios já indica que somos nós que figuramos como mais suscetíveis a doenças mentais.

Segundo pesquisas nos mais diversos segmentos, a igualdade entre homens e mulheres é mais retórica que na vivência diária. Na sociedade atual, que se serve e se beneficia da alta performance feminina a qualquer custo, recai sobre as mulheres, mascarado de elogio, o estigma de mulher-maravilha, aquela que dá conta de tudo. E isso, no fundo, só nos sobrecarrega mais.

Foi justamente a percepção do paradoxo do declínio da felicidade feminina que me impactou quando comparei a realidade feminina do passado, tão dura e desprovida de direitos, com a atual, teoricamente tão mais evoluída em termos de empoderamento. Eu constatei que a satisfação não se mostrava proporcional aos avanços. Que a insatisfação que sentia ao vivenciar uma rotina extenuante eu também enxergava na rotina das mulheres ao redor. Que todas nós estávamos soterradas de responsabilidades e cobranças.

Eu não podia mais compactuar com isso nem aceitar que nos tornamos mais infelizes à medida que conquistamos direitos, que as sobrecargas são ônus

---

[13] CARBONARI, P. Mulheres só são mais felizes que homens depois de viúvas. **Superinteressante**, 2018. Disponível em: https://super.abril.com.br/comportamento/mulheres-sao-mais-felizes-depois-que-seus-parceiros-morrem. Acesso em: 6 jun. 2024.

[14] WOLF, N. **O mito da beleza**. Rio de Janeiro: Rosa dos Tempos, 2020.

das conquistas femininas e que precisaremos de décadas para alcançar o bem--estar. E uma pergunta não saía de minha cabeça: o que posso fazer para melhorar esse cenário hoje?

Por fim, esse questionamento me levou a conduzir mulheres a acessarem sua força feminina a fim de realizar tudo o que desejam, sempre tendo clareza, confiança e certeza dos resultados. Diante de entrevistas com dezenas de mulheres com idade entre 50 e 96 anos, mapeei a evolução do universo feminino nos últimos sessenta anos.

Ao comparar histórias de subjugação das mulheres do passado recente com avanços que fazem parte de nossa vida hoje, comecei a me perguntar: se estamos nessa posição tão superior à mulher de outros tempos, por que muitas vezes nos encontramos descontentes e desconfortáveis com diversos aspectos da vida? Sem grandes dificuldades, cheguei à resposta: o problema está na sobrecarga vivenciada pela mulher contemporânea. Além disso, olhando além das conjunturas sociais e culturais que ainda impedem a plena equidade de gênero, percebi que havia um aspecto menos óbvio que contribui para o paradoxo em questão e sobre o qual temos total poder.

Apesar de nos considerarmos tão evoluídas em relação às mulheres do passado, percebi que mantemos algo em comum a elas: seguimos não desfrutando de um conjunto de aspectos fundamentais para a realização feminina. Enaltecemos as conquistas mais pujantes, porém desvalorizamos outras mais subjetivas, mas que impactam profundamente nossa realização e nosso bem-estar. Levantei sete aspectos que nem sequer eram cogitados por nossas antepassadas e que para nós são tão naturais quanto respirar: clareza, coragem, independência, autoestima, produtividade, equilíbrio e leveza. No entanto, justamente por estarem naturalizados, muitas vezes os deixamos de lado. As mulheres do passado não desfrutavam dessas questões porque não podiam; nós fazemos isso porque, sem nos darmos conta, abrimos mão.

Tomar consciência, reconectar-se e valorizar essas conquistas, passando a vivenciá-las diariamente, é algo que só depende de nós. Contudo, sem vislumbrarmos esses sete aspectos e levando a vida no piloto automático, submetidas às expectativas alheias de que damos conta de tudo sozinhas, tendemos a não procurar auxílio. Mas o caminho para a satisfação existe e passa justamente pelo fortalecimento pessoal, por se reconectar com essas importantes conquistas que, em minha pesquisa e na prática da mentoria, provaram-se essenciais para a realização feminina em todas as áreas.

Vejamos o que aconteceu com Jolie, 38 anos, gerente bancária. A concepção de que a mulher deve vestir sua armadura e dar conta de tudo com um sorriso no rosto a levou a uma situação extrema em sua carreira. Na época, estava desesperada e desacreditada de que encontraria solução. A reviravolta ocorreu durante as férias. A pausa do trabalho, que deveria ser destinada ao descanso, perdeu o sentido porque o chefe orientou que Jolie usasse esse tempo para decidir se optaria por ser descomissionada – como chamam no setor bancário um colaborador que deixa de exercer função gratificada – ou se seguiria em sua função de gerente, cumprindo metas.

Antes de engravidar, Jolie havia sido selecionada por seu gestor para a função de destaque exatamente por demonstrar capacidade e confiança. Porém, após o retorno da licença-maternidade, desgastada com as intensas demandas dos primeiros meses de vida da filha, não estava mais alcançando no mesmo ritmo as sempre crescentes metas da instituição. Ou seja, a funcionária foi perdendo posições no ranking interno de avaliação dos gerentes. Caiu para as últimas posições, entre 3 mil avaliados. Com a autoestima devastada, viu-se fragilizada e prestes a aceitar a proposta que acarretaria perda do cargo e significativa redução salarial.

Conversando com Jolie, vi que essa não era a melhor opção para sua realidade. Antes de seguir a história, porém, abro um parêntese: resultados são individuais, e o que para Jolie era um erro, para outra mulher poderia ser uma decisão acertada. Não meça suas conquistas e suas necessidades pela régua alheia, pois cada uma de nós tem especificidades.

Bom, voltando a Jolie, com o alinhamento adequado, por meio de uma poderosa ferramenta, a bancária entendeu que se manter naquela função era importante para ela, era motivo de orgulho em sua trajetória e condizia com seus valores de status e sucesso. Eram características inerentes a sua essência e que logo foram mapeadas, conferindo a ela clareza sobre a decisão a ser tomada e motivação para retomar sua organização pessoal e seu desempenho profissional, atingindo o equilíbrio entre essas duas áreas da vida. "Foi como se eu tivesse tirado todo o peso de minhas costas", disse ela, cerca de dois meses depois, já tendo subido mil posições do ranking de avaliação.

O que faltava para aquela mulher diante do desafio que se impôs era clareza – um dos sete passos que vou apresentar neste livro. A partir do próximo capítulo, vou trabalhar o método que há anos venho aprimorando e aplicando em mentorias e que agora estará disponível também para você.

OS SETE PASSOS PARA SE TORNAR UMA MULHER DE SUCESSO E REALIZADA

4

É tanta coisa que dizem que nós, mulheres, precisamos fazer para atingir o sucesso, que sentimos como se estivéssemos em uma maratona, esgotadas e distantes da linha de chegada. Antes que você desista ou desabe no meio do percurso, saiba que, para conquistar a realização pessoal mantendo o equilíbrio, você precisa dar alguns passos cadenciados, respeitando sempre seu tempo interno. Imagino que tenha ficado incrédula ao ler isso, mas é verdade, e peço que confie em mim.

Você aprenderá uma nova forma de levar a vida, com passos suaves e contando com o acolhimento necessário. Logo vai perceber que a solução sempre esteve em você mesma, e que esse caminho vai levar até a mais importante linha de chegada, porque somente este ponto é capaz de conferir a plenitude: o encontro com sua essência feminina. Isso lhe permitirá alcançar o que deseja.

Muito provavelmente, você já deu esses passos sozinha ou até mesmo em conjunto, de maneira intuitiva.

Relembre uma grande realização sua. Qual foi o dia em que se sentiu mais confiante e plena?

Para que essa vitória acontecesse, você deu estes passos (ou ao menos alguns deles): teve **clareza** do que queria; **coragem** para fazer o que precisava; **independência** para tomar decisões; **autoestima** para não duvidar das escolhas; realizou com **produtividade**; agiu com **equilíbrio**; sentiu **leveza** e bem-estar tanto na busca quanto na conquista. Esse conjunto de aspectos compõe a verdadeira força feminina, que está na essência de todas nós. Com isso em mente, você não dependerá de outro fator além de sua decisão e sua ação para obter seu Grande Poder.

A partir de agora, vou guiá-la para que você se aproprie desses passos conscientemente toda vez que desejar algo. Essa é uma maneira de naturalizá-los no dia a dia, como um estilo de vida. Faremos isso por meio de reflexões e ferramentas práticas que conferem suporte emocional e orientação.

Ao longo dos próximos capítulos, você vai aprender comigo a dar cada um dos passos que conduzem ao verdadeiro empoderamento feminino por meio do reconhecimento de sua força, de sua essência e do desenvolvimento da autonomia, formando a tríade da realização feminina: convicção, independência e harmonia. Lembrando que essa tríade estará sempre aliada à intuição.

Ao fim dos exercícios, você vai se ver pronta para seguir em frente de forma confiante, atingindo objetivos e vivendo com mais significado. Tenho certeza de que, com seu poder interior equilibrado, você se sentirá verdadeiramente realizada e em paz consigo mesma.

Esses passos listados por mim advêm de importantes conquistas de mulheres que vieram antes de nós e tornaram nossa caminhada pela vida mais fácil. Por isso eu a convido a ser, tanto quanto eu, grata a elas. Para isso, veja que incrível: podemos honrar suas lutas com nossa felicidade, resgatando-as como exemplos e mantendo-as ativas em nossa mente e coração.

Destaco aqui algumas dessas conquistas e o respectivo passo que nos permitem dar:

As conquistas	Os sete passos	Tríade do Grande Poder permeada pela intuição
Direito de desejar	Clareza do que quer	Pilar convicção
Liberdade para agir conforme suas vontades	Coragem para agir e atingir objetivos	Pilar convicção
Independência	Independência e acesso a seus poderes interno e externo	Pilar independência
Valorizar e expressar sua beleza	Autoestima	Pilar independência
Desfrutar de facilidades e praticidades	Produtividade e alta performance	Pilar harmonia
Vivenciar o equilíbrio	Equilíbrio ao conciliar diferentes papéis	Pilar harmonia
Praticar sua espiritualidade sem imposições	Leveza	Intuição

Para que nos próximos sete capítulos eu possa focar a implementação de cada um dos passos, preciso aqui reforçar a dimensão dessas conquistas mais subjetivas, muitas vezes esquecidas. Trazendo algumas passagens de como foi a vida das mulheres que entrevistei, mulheres como nossas mães, avós e bisavós, quero mostrar questões essenciais para a felicidade feminina e como se relacionam com meu método.

Vamos começar pela maior de todas as conquistas femininas. Qual você considera que seja? Em minhas palestras, sempre faço essa pergunta, a resposta é unânime: a independência! Concordo que foi uma conquista gigantesca, mas não a considero a maior, porque, para que pudéssemos estudar e trabalhar fora de casa, tendo poder financeiro, que é ao que se referem geralmente com essa resposta, tivemos de conquistar outras duas questões mais essenciais. A primeira delas foi o direito de desejar. Para mim, o direito de desejar foi a maior conquista das mulheres.

A CLAREZA DO QUE QUEREM AS MULHERES

A **clareza** em relação a nosso caminho e nossas escolhas está totalmente vinculada a nosso direito de desejar; afinal, se precisamos ter clareza do que queremos, é porque podemos desejar intensamente qualquer coisa. No passado, todo tipo de anseio da mulher era reprimido, tanto por sua família de origem como por aquela que ela passava a integrar com o matrimônio.

Ainda na infância, meninas aprendiam que tinham nascido para servir. Trabalhos domésticos e na lavoura roubavam sonhos e fantasias. Delésia, que hoje tem 84 anos, aos 5 já cuidava dos irmãos gêmeos recém-nascidos para que a mãe trabalhasse na roça. Para segurá-los no colo, precisava estar sentada, pois também era pequena. Com 6 anos, nos dias mais gelados do inverno gaúcho, com os pés descalços sobre a geada, colhia espigas de milho. "A gente chorava de dor e, para se esquentar, tinha apenas uma fogueira que nosso pai fazia por perto." Eu me emociono bastante ao contar essa história, especialmente porque Delésia é minha avó materna.

A árdua rotina se intensificava conforme as garotas cresciam. Muitas vezes, pensamos que as mulheres do passado não tinham jornada dupla ou tripla, pois se dedicavam ao trabalho doméstico e aos filhos em casa, sem um emprego formal. Mas se engana quem pensa que as mulheres não trabalhavam fora de casa. A maioria, como as conterrâneas de minha avó materna, trabalhavam nas lavouras que as numerosas famílias mantinham para poderem alimentar a todos os parentes. A questão era que elas não recebiam salário. No fundo, a jornada de trabalho das mulheres do passado era até mais intensa que a nossa, tanto que poderia ser comparada a uma jornada de burros de carga.

Muitas mulheres que entrevistei tinham rotinas parecidas: acordavam de madrugada para colher o pasto que alimentava ao menos uma dezena de vacas, das quais em seguida elas ordenhavam o leite. Preparavam o café da manhã para a família e iam para a roça, onde trabalhavam como os homens. A única diferença era que retornavam um pouco antes à casa para fazer o almoço. Isso quando não havia uma criança maiorzinha ou uma anciã incumbida dessa tarefa, porque da infância ao dia da morte o propósito imposto à mulher era o de servir. À tarde, voltavam à lavoura, onde ficavam até o anoitecer.

À noite, após prepararem o jantar, enquanto os homens da casa, bebericando vinho ou graspa, descansavam, as mulheres costuravam, no escuro ou sob a luz de lamparinas, pois ainda não havia energia elétrica. A propósito, as melhores pretendentes a esposa eram mulheres que tinham potencial para trabalho braçal. Olívia, hoje com 94 anos, conta que, em um encontro, um rapaz prometeu presenteá-la com uma galocha no dia do casamento, indicando que, ao se casarem, ela estaria em vantagem, pois trabalharia com os pés protegidos, não descalça. A informação agregava valor diante dos pais da moça, embora ela, mesmo àquela época, tenha achado descabido. "Devia falar de canções, de poesia, de cartas que trocaríamos, não sobre como eu trabalharia para ele", comentou.

Casar-se e ser feliz! Esse talvez tenha sido o único desejo que as mulheres do passado expressaram, porque era regra: toda mulher precisaria estar sob o comando de um homem, fosse pai, fosse marido. Geralmente, o casamento não era com o rapaz que tivesse despertado sua atenção, muito menos amor, e isso inviabilizava a felicidade. Os casamentos eram arranjados por conveniência.

A avó de Zélia, que hoje tem 56 anos, contou sobre o dia em que estava na horta e o pai simplesmente apontou para o homem com o qual ela se casaria em poucos dias. Não tiveram nenhuma conversa sobre a decisão, e era assim que essas coisas se davam. O jeito era se acostumar. Essa mulher teve 24 filhos com alguém que, de início, não passava de um estranho. Aliás, ser mãe também não era escolha.

Muitas mulheres da geração de nossas avós não puderam sequer desejar o que costuma ser o maior sonho de muitas brasileiras: ter a casa própria. Os filhos eram força de trabalho importante e permaneciam na casa dos pais mesmo depois de se casarem: inclusive, levavam a esposa para morar com eles. A partir de então, a realidade da noiva era similar à de Cinderela, hostilizada e obrigada a fazer todas as tarefas domésticas.

Se não podiam desejar nada para a vida e a rotina, obviamente não teriam controle nenhum sobre a própria sexualidade. As senhoras que entrevistei ainda hoje sentem vergonha de pronunciar a palavra "menstruação". Elas se referem a esse acontecimento como "*i incomodi*", que, no dialeto italiano ainda muito falado na Serra Gaúcha, quer dizer "os incômodos". Era exatamente o que representava para elas o corpo e tudo o que estava relacionado à sexualidade: "A menstruação, assim como o sexo ou o simples fato de se olhar no espelho admirando o próprio corpo, tocar nele, era algo errado, um pecado, era fato inconcebível para nós", afirma Odila, 79 anos.

Não à toa a clareza está no número um de nossa lista. Todo o empoderamento conquistado teve origem no coração da mulher. Nós tivemos de conquistar até mesmo o próprio direito de desejar, veja só. Costumo dizer que hoje, para nós, desejar é tão natural quanto respirar. Mas, mesmo tendo esse direito, as mulheres desejam muito menos do que seria compatível com sua potencialidade – e isso por causa do ambiente, do círculo de convívio, da mídia, das redes sociais. Assim, o primeiro passo é descobrir a fundo sua essência, definir quem realmente você é e quais são seus valores e desejos. Sem clareza de quem é você, do que a faz feliz e realizada, não é possível dar um passo certeiro adiante.

A CORAGEM COTIDIANA E REVOLUCIONÁRIA

As mulheres se viam privadas de tudo. Nem as próprias roupas elas escolhiam, uma vez que somente os homens frequentavam a área urbana e os comércios, onde escolhiam o tecido com que eram costuradas todas as vestimentas. Sexo antes do casamento era pecado, e a mulher que engravidasse era obrigada a se casar às pressas e disfarçando o fato, caso contrário, teria arruinadas sua imagem e sua vida, muito provavelmente seria expulsa de casa. Além disso, os casamentos seguiam literalmente até que a morte os separasse – no Brasil, por exemplo, o divórcio só foi instituído oficialmente em 1977.

Foi nesse contexto de restrições que algumas de nossas antepassadas tiveram o ímpeto de não mais sufocar o que sentiam e começaram a se rebelar. Certo dia, uma jovem decidiu usar calça, peça que já fora considerada imprópria para mulheres por ficar muito em contato com as partes íntimas. Outra saltou da janela da casa dos pais e fugiu com o amado pelos parreirais e nunca mais voltou. Teve a que enfrentou o marido, que a proibia de dirigir, e tirou habilitação. Teve a que demonstrou interesse por um rapaz em uma festa, quando era ele quem deveria tomar qualquer iniciativa.

Na década de 1980, quando Joana, que então tinha 19 anos, engravidou, seu casamento foi marcado para antes de a barriga começar a aparecer; na véspera, porém, ela e o namorado comunicaram que não se casariam. O pai do noivo, tomado de vergonha, passou na vizinhança toda, de porta em porta, dando a notícia e fazendo a devolução dos presentes antecipadamente recebidos pelo casal. Alguns meses depois, eu nasci. E fui daminha no casamento de meus pais quando tinha 4 anos e eles decidiram de forma mais consciente efetivar a cerimônia. Era um escândalo há cerca de quarenta anos.

Sim, atos de coragem que hoje soam como escolhas corriqueiras já foram revolucionários e, também por causa deles, pouco a pouco as mulheres se apoderaram da segunda conquista presente em minha lista: liberdade para agir conforme as próprias vontades. Essa liberdade nos permite, hoje, andar na direção de nossos objetivos e atingi-los, fazendo com que a **coragem** seja uma das mais belas características femininas.

Os sete passos para se tornar uma mulher de sucesso e realizada   **55**

Adquirir **coragem** para realizar aquilo que é necessário para conquistar a vida que você deseja é o segundo passo para acessar sua força feminina. Muitas vezes, ficamos em nossa zona de conforto e não alcançamos o que desejamos – e não mais porque somos proibidas, mas por não agirmos. Logo, isso pode virar um ciclo de frustração e sentimento de incapacidade. Lembre-se, então, de que existem ferramentas que ativam essa coragem, tornando-a uma mulher que realmente faz o que precisa ser feito para conquistar seus objetivos.

Em sua família deve ter existido alguma mulher considerada transgressora décadas atrás. Se desejar compartilhar comigo, vou adorar e, quem sabe, poderei acrescentar a meu portfólio de histórias? Envie para historias@marcielescarton. com.br.

O PODER DA INDEPENDÊNCIA FEMININA

Se tem uma das conquistas das mulheres que pode ser vista como viabilizadora de sonhos, é o direito ao estudo. Estudar e trabalhar fora de casa, uma vez que em geral o estudo era um caminho para se tornar professora – o magistério acabou sendo a primeira profissão a libertar a mulher para o mercado de trabalho. Quando passou a ser permitido às mulheres estudar,[15] elas começaram a sonhar ardentemente com a possibilidade! Mesmo que as professoras de antigamente, na verdade, soubessem o mínimo para ensinar os demais a ler, escrever e fazer contas, as meninas as viam como autoridade até mesmo em relação aos meninos e aos pais – e ainda por cima recebiam salário. Vale lembrar que a produção nas pequenas propriedades rurais era para consumo, e a obtenção de itens que não

---

[15] A partir de 1880, as mulheres brasileiras puderam ingressar no sistema de ensino público. No entanto, conforme minha pesquisa, no interior da região Sul do país, demorou ainda cerca de cinquenta anos para as meninas passarem a frequentar as escolas. Nem todas estudavam, e muitas frequentavam os bancos escolares poucas horas por dia, porque precisavam auxiliar a família nas lavouras. Geralmente, estudavam apenas um ou dois anos, para aprender a ler, escrever e realizar contas básicas, enquanto os meninos podiam estudar mais anos, cerca de quatro ou cinco.

produziam se dava por meio de permutas, sendo ínfima a circulação de dinheiro; ou seja, imagine o poder que essa nova condição altiva e assalariada representava!

Os pais, porém, viam com desconfiança as mulheres professoras, que, afinal, passavam muito tempo fora de casa sem o marido. As professoras foram chamadas de loucas quando passaram a explicar sobre menstruação para as meninas, que se desesperavam com esse acontecimento sobre o qual ninguém havia lhes falado. Muitas achavam que iam morrer, pois acreditavam que só podiam estar com uma grave doença ao ver a quantidade de sangue.

Lourdes, hoje com 88 anos, foi proibida de estudar quando tinha pouco mais de 10 anos. Ela estudou por cinco anos, o que já era bastante para uma menina, mas, para continuar, precisaria morar na cidade. A professora, cativada pela inteligência da menina, chegou a lhe oferecer moradia e alimentação. Os pais, porém, não permitiram que a filha saísse de casa antes de se casar, ainda mais para morar com uma dessas mulheres que eram vistas com desconfiança pela sociedade.

Mas fato é que algumas meninas pleitearam seu direito a estudar. Cerca de três décadas depois, eu soube da história de Bernardete, que, mesmo que a mãe escondesse dela os livros, por acreditar que quem lia demais ficava louca, saiu de casa para estudar. Embora tenha pensado muitas vezes em desistir, persistiu e tornou-se professora e diretora escolar, profissão que desempenhou durante trinta anos. Hoje, aos 61, é responsável pela gestão de um negócio familiar, um estabelecimento turístico. "Pensei muitas vezes em desistir, porque todos me olhavam estranho, apontavam para mim na rua. Era uma garota sozinha, sem marido", conta.

Foi necessário que as mulheres demonstrassem **clareza** e **coragem** para dar passos como esses – os mesmos passos que damos hoje para termos **convicção** de quem somos, do que desejamos e, principalmente, de que não há limites para o que queremos. É isso que edifica o primeiro pilar da tríade do Grande Poder. Foi somente depois desses passos iniciais que as mulheres conquistaram a **independência**. Aliás, ainda hoje, quando retratamos essa conquista, centramos na independência externa. Porém, a independência de verdade tem duas faces: a interna e a externa.

Você só se torna verdadeiramente independente quando é capaz de ativar seu poder interno por meio de sua energia feminina, que muitas vezes é erroneamente suprimida para que se conquiste algum poder externo. No passado, isso foi necessário para que ...lheres conseguissem adentrar os espaços tidos como de exclusividade masculina. Atualmente é algo que não podemos mais admitir. Precisamos ocupar nossos espaços sendo quem somos: mulheres profissionais competentes. E isso inclui nosso jeito próprio de ser, de sentir e de se expressar. Tal processo deve levar em conta, sem jamais suprimir, nossa essência feminina, que é nosso grande diferencial.

AUTOESTIMA

Foi tanta evolução que a vida das mulheres mudou radicalmente: saímos de um patamar de submissão para nosso lugar de autonomia na sociedade. Com a independência, parecia estar tudo conquistado, não? Até nós tendemos a considerar que, quanto mais independência externa temos, mais facilidade encontramos. Se assim fosse, não haveria a tal insatisfação que ronda a aura feminina. Nem aquela estafa da qual já falamos. Por mais crucial que seja, a independência não basta. Faltam alguns passos, entre os quais está valorizar e expressar sua beleza. A **autoestima**, juntamente aos poderes interno e externo, é um importante passo para completarmos o pilar da independência.

Sei que pode parecer óbvio que manter a autoestima elevada seja um dos passos, mas não se engane. Se é clichê dizer que você precisa se valorizar e se sentir bonita, quantas vezes a pressão do dia a dia, as tarefas, os filhos, os relacionamentos e outras demandas tiram isso de você? A verdade é que desejar se tornar a mulher que sempre sonhou ser, ter um tempo para se cuidar e se sentir bem deve ser prioridade na agenda. Não basta saber que a autoestima é importante, é preciso estimular esse cuidado diariamente. E hoje nós podemos!

No passado, as mulheres precisavam esconder o corpo. No recorte de minha pesquisa, as mulheres usavam uma faixa no peito para espremer os seios e disfarçar a "voluptuosidade" deles. Moça que ia à igreja com mangas curtas, na altura dos cotovelos, era deserdada pelo pai. As jovens também não tinham o próprio dinheiro para comprar produtos de beleza – nem sequer existia esse mercado. No entanto, mesmo com tantas limitações reais, elas não deixavam de cuidar da aparência, provando que a beleza faz parte de nossa essência. E nós, com tantos recursos, será que estamos nos tratando com o carinho que deveríamos?

Há outro ponto fundamental que impacta a autoestima. A aparência é apenas a pontinha de um iceberg em nosso inconsciente. Situações passadas, concepções, modelos e crenças também moldam a forma como nos enxergamos – e, sem trabalhá-los, não há como mantermos uma boa autoestima. Daremos esse mergulho juntas.

PRODUTIVIDADE E ALTA PERFORMANCE

Para dar esse e qualquer outro passo em direção à vida que desejamos, precisamos estar em paz com o tempo. Parece impossível quando pensamos na rotina acelerada que levamos, mas é necessário entender que o tempo é igual para todas, e que estamos em esmagadora vantagem em relação à mulher do passado. Hoje, podemos desfrutar de facilidades e praticidades para termos **produtividade** e **alta performance**, que integram o pilar da harmonia.

A tecnologia, por exemplo, tornou-se algo tão cotidiano para nós que nem a valorizamos mais. E não me refiro a smartphones e aplicativos que colocam tudo à palma da mão. Cerca de sessenta anos atrás, eram poucas as brasileiras que tinham energia elétrica e geladeiras em casa. Essas mulheres encaravam verdadeiras odisseias para conservar os alimentos. Algumas chegavam a andar quilômetros até um córrego para lavar roupas, transportando quilos e quilos de tecido molhado. Não tinham produto de limpeza para deixar os assoalhos brilhantes – e, em grande parte, era o capricho nas tarefas domésticas que definia o valor da mulher. Não havia micro-ondas, muito menos serviço de entrega de comida. Eram as mulheres que matavam, depenavam e ferviam em panelões no fogo de chão as galinhas que dariam origem a sopas e molhos. Como, hoje, parecem nos faltar horas no dia?

A mulher só se apodera de sua força quando sabe exatamente aquilo que é importante para ela e consegue descartar o que não é. Você, em breve, saberá. Essa é a forma mais simples de tornar o processo leve, tranquilo e feliz e de ser dona de seu tempo.

EQUILIBRANDO OS PRATOS

Você deve ter percebido que um passo se soma ao outro na jornada rumo a nossa felicidade. E o sexto passo é, justamente o **equilíbrio**, que completa o pilar harmonia. Para as mulheres, existe uma grande balança da felicidade, na qual estão trabalho, liberdade, maternidade, poder, amor (por si e pelo par) e espiritualidade.

Cada mulher possui uma essência e acaba se identificando mais com dois desses pontos. Porém, quando estimulamos os demais, tendemos a ganhar um poder de realização, satisfação, felicidade, bem-estar – um sentimento de plenitude. Acredite: quanto mais equilibrar a balança, mais apropriada você estará de sua força feminina.

Já quase no fim da integração dos sete passos, apresentarei um conhecimento transformador que vai conferir o equilíbrio dos diversos papéis que você desempenha e nutre como mulher. Com a teoria da deusa interior, pretendo ensiná-la a agir com harmonia e de uma forma que você nunca imaginou, além de gerar proximidade e sororidade com outras mulheres de seu convívio. Você vai aprender sobre perfis comportamentais por uma abordagem diferenciada, exclusiva para mulheres, e vai conhecer quais são os arquétipos femininos.

ACESSANDO A LEVEZA

Encerraremos o trajeto adicionando um poder especial, o maior poder feminino, aquele a que somente nós, mulheres, temos acesso: a **intuição**, base dos três pilares anteriores, selando o Grande Poder de nossa força feminina.

Num mundo excessivamente masculino, acabamos muitas vezes nos afastando de nossa intuição, mas é a partir desse poder, exclusivamente feminino, que conseguimos fugir do estritamente racional e nos permitimos conectar com uma força que está além da razão. Isso nos torna mulheres mais leves, tranquilas e tomadoras de boas decisões, ainda que fujam do campo racional.

Já que insistem em nos comparar com heroínas, faço aqui uma analogia fortalecedora em relação a elas, mas sem a pressão da perfeição. Além de muitas habilidades, as heroínas em geral têm algum poder único. Nós também temos. Nosso poder, mulher, é a intuição. E como liberamos esse recurso? Por meio da espiritualidade praticada sem qualquer tipo de imposição, que nos confere **leveza**.

Essas comparações que fizemos com as mulheres que nos antecederam foram importantes para evidenciarmos a potência das sete conquistas elencadas. Espero que você tenha conseguido imaginar como seria viver no tempo de sua avó, sem direito pleno de desejar, de agir conforme suas vontades, sem independência, em um tempo em que a produtividade já lhe era exigida, mas apenas para servir aos homens, sem poder expressar sua beleza e sua vaidade, sem equilíbrio, porque apenas um papel era imposto e precisava ser cumprido pelas mulheres: o de esposa subserviente, e por vezes aprisionada a concepções religiosas autoritárias.

Tenho certeza de que, depois de avaliar como seria sua vida sem esses aspectos, você passará a valorizá-los e aproveitá-los com intensidade. Com essa reconexão, você está pronta para se empoderar do que cada uma dessas conquistas nos confere na atualidade.

Chegou a hora de integrar efetivamente estas habilidades. Nos próximos capítulos, vamos mergulhar em cada um dos passos que formam esse Grande Poder que temos em nós.

PASSO 1
CLAREZA

5

O PONTO DE PARTIDA PARA CONQUISTAR A VIDA DOS SONHOS

O QUE PRECISA MUDAR?

Para esta proposta, vá para um local tranquilo, em que possa respirar fundo algumas vezes durante a leitura, com foco e 100% presente. Colocar as mãos sobre o coração, inspirar e expirar sentindo as batidas é um excelente recurso de conexão consigo mesma. Por alguns momentos, desligue-se de tudo o que se passa ao redor.

Concentre-se como se ouvisse minha voz enquanto lê, como se eu a guiasse em um exercício de visualização. Projete o pensamento para seu dia anterior. Como foi? Foi um bom dia, um dia incrível, razoável? Ou talvez péssimo, desastroso? O que aconteceu? Seus dias costumam ser mais ou menos parecidos com esse? Quando você acordou, estava tranquila, se espreguiçou? Se está em um relacionamento, beijou seu par sem pressa e com carinho, aproveitaram um momento juntos? Se é solteira, curtiu alguns instantes? Seus primeiros pensamentos do dia foram de carinho ou foram logo de cobrança consigo mesma?

Se tem filhos, brincou com eles ou os preparou para escola ao mesmo tempo que aproveitou para apreciar o começo da manhã com tranquilidade? Ou já pulou da cama apressada e acabou até sendo rude com todos ao redor, reclamando porque seu dia seria cheio? Deu bom-dia e espalhou sorriso e positividade? Antes de sair, conseguiu tomar um café da manhã nutritivo? Ou apenas engoliu qualquer coisa enquanto se deslocava?

No trabalho, o que a esperava: um dia repleto de realização, produtividade e satisfação ou tarefas que angustiam, que a deixam ansiosa ou até mesmo frustrada pelo esforço e pela dedicação que não são reconhecidos ou recompensados? Você fez planos entusiasmada ou sentiu-se estagnada?

O dia foi passando... Você parou para almoçar? Comeu bem? Bebeu água? Prestou atenção na respiração? Você se dá conta de sua respiração ou há tensão em seu peito? Como foram suas conversas, construtivas ou destrutivas? Viu coisas úteis nas redes sociais ou só tragédias, fofocas e discussões? Ficou feliz ou invejou alguém? A propósito, quanto tempo ficou diante de telas? Viu a paisagem e o mundo por alguma janela?

Sobrou tempo no dia para alguma atividade física? Para cuidar um pouquinho de si? Ei, será que você se olhou no espelho? Se olhou, gostou do que viu? O dia foi produtivo ou passou voando? À noite conseguiu se desligar do trabalho e relaxar ou ficou respondendo às mensagens atrasadas? Ou se envolveu com tarefas domésticas e pendências até a hora de dormir? Teve conversas agradáveis com seus familiares ou ficaram entre queixas e cobranças uns com os outros? Você agradeceu pelo dia, pelas pessoas que você ama e pela saúde que têm? Foi dormir no horário certo para descansar o suficiente antes de um novo dia?

Depois dessa longa reflexão, repito: como foi seu dia ontem? Avalie como têm sido seus dias, escreva qual é seu sentimento sobre sua rotina: tranquilidade, angústia, orgulho, vergonha?

Caso não possa realizar o exercício de imediato, faça isso assim que possível, pois esse é o início de uma poderosa jornada de transformação. É muito importante relembrar seu dia, porque eu tenho uma notícia a respeito dele. Uma notícia que pode ser boa ou ruim, depende de como você escolheu viver aquelas 24 horas.

E se eu dissesse agora que seu dia de ontem vai se repetir para sempre? Que a partir de amanhã, durante toda a eternidade, seus dias serão iguais. E você terá consciência disso, todos os dias ao acordar e ao dormir: de que ele será exatamente assim, se repetindo. Como você se sentiria? Seria um presente ou um castigo?

E se recebesse o seguinte recado: você merece uma nova chance. Você tem cinco minutos para fazer ajustes nessa rotina. Você se sentiria agradecida por essa oportunidade?

Reflita e responda: o que você mudaria? O que precisa ser diferente? O que você quer para si e para sua vida? Qual transformação tem de acontecer e que não pode mais esperar?

Passo 1 - Clareza **65**

O que você mais deseja neste momento?

O que você almeja realizar nos próximos doze meses?

Repare que essa chance de recomeço acontece diariamente. A cada nova manhã, é possível mudar. Você está aproveitando? Se realmente leu com atenção e conectada com seu interior, sem distrações, preenchendo com sinceridade todas as anotações, terá respostas valiosas sobre a clareza que tanto busca.

Mas como vou ter certeza se o que senti e o que percebi que preciso mudar é o que realmente devo fazer? Não tem erro. O que você sentiu e percebeu é o que realmente deve começar a fazer. Confie! Não em mim, mas em si mesma! Sua voz sábia aparece toda vez que você silencia a mente atribulada.

Aproveite, pois sua jornada rumo ao Grande Poder efetivamente começou!

O QUE FAZER COM AS RESOLUÇÕES?

Pode ser que você se surpreenda com as questões que anotou, pode ser que se pergunte como não as tinha percebido antes, e pode ser que não tenham sido novidade, que você já enxergasse seus desafios. Seja qual for o caso, é provável que questione o que fazer com esses apontamentos.

Antes de qualquer coisa, digo o que você não deve fazer. Para isso, porém, preciso apresentá-la ao saquinho dos desejos esquecidos. Anos atrás, quando eu ainda não trabalhava com desenvolvimento feminino, reunia-me todo mês com algumas amigas. Em março, por ocasião do Dia da Mulher, combinamos que cada uma proporia uma dinâmica. Eu preparei um saquinho lindo de tecido florido e propus que todas anotássemos três desejos para realizar em um ano. Todas anotaram, e desde o início a empolgação pelo momento em que estaríamos reunidas para abrir o saquinho confirmando a realização dos desejos foi imensa. O resultado, contudo, foi que nem sequer conseguimos nos reunir no ano seguinte. A abertura do saquinho aconteceu somente dois anos depois, e a gente nem lembrava o que tinha escrito. E o pior é que nada do que constava tinha se realizado. Houve um constrangimento, e todas tentaram disfarçar. Cada uma elencou desculpas (para si mesma) do porquê de não ter realizado nada do que havia desejado.

Moral dessa história: não esconda seus desejos de si mesma. Eles precisam estar à vista. Lembra como no passado as mulheres tinham de reprimir desejos? Diferentemente delas, nós podemos e precisamos assumi-los, sobretudo para nós mesmas, se quisermos de fato realizá-los. Então, não cometa esse erro. Não feche este livro sem revisitar suas anotações. Se fizer isso, arriscará abrir estas páginas daqui a alguns anos e se deparar com realizações determinantes para sua felicidade que você podia ter conquistado, mas ficaram aqui esquecidas.

Passe as anotações a limpo em um papel diferente e deixe acessível, em um lugar em que ao menos uma vez por semana você mexa, para serem relidas.

1. Resuma em três grandes realizações que sintetizem a vida que você quer daqui a três anos. Reforço que a vida dos sonhos de cada uma é única, mas, para exemplificar, vou supor que inclua:
   - realização profissional e financeira;
   - alcançar a aparência desejada;
   - viver uma linda e sólida história de amor.

2. Perceba o que precisa acontecer nesse período para comprovar a si mesma que terá atingido esses três objetivos. Novamente, cada objetivo pode significar conquistas diferentes de mulher para mulher. Para uma, realização profissional e financeira pode significar abrir um negócio e lucrar x; para outra talvez seja fazer uma transição de carreira e ter um salário y; para uma terceira, conseguir uma oportunidade em determinada área ou passar em concurso público. As possibilidades são infinitas e individuais,

o que importa é identificar o que os três objetivos abrangem especificamente, para deixar a conquista mais tangível.

3. Para cada uma dessas comprovações, liste os passos necessários. O ideal é listar até doze ações para cada objetivo. Vou considerar que "abrir um negócio e lucrar x" comprove que estará realizada profissional e financeiramente. Para que isso aconteça, será necessário implementar estas ações: pesquisar as possibilidades; fazer o plano de negócios; fazer alguma capacitação que a prepare para a atuação; buscar financiamento e fornecedores; fazer uma reserva financeira para manter-se até obter os resultados esperados; abrir efetivamente o negócio; conciliar a atividade por determinado tempo com o emprego; faturar um valor específico; dedicar-se integralmente; contratar equipe; faturar o desejado.

4. Ao dividir esses três anos em ciclos de três meses, você terá doze ciclos. Minha proposta é que a cada três meses você cumpra um passo de cada uma das três realizações. Ou seja, a cada três meses, vai avançar concretamente em três objetivos tanto de curto como de médio prazo. Aliás, a melhor estratégia é desenvolver objetivos de curto prazo congruentes com os de médio prazo. Perceba a importância dessa coerência, afinal, quantas vezes você ouviu alguém dizer que almeja certa liberdade de tempo, mas vive estudando para concurso público? Ou que sonha em levar uma vida mais leve, mas assume todo tipo de compromisso?

Dependendo do tamanho de seus objetivos e dos passos necessários para alcançá-los, considere que talvez precise de mais ou menos prazo. Entenda que esse é um exemplo e que você tem liberdade para definir os prazos que fizerem sentido para seu caso.

Independentemente de qualquer coisa, quero que absorva de coração aberto minha recomendação de dedicar-se nesse formato validado, ainda mais em relação àqueles objetivos que possa já ter tentado algumas ou várias vezes. Veja só, a maioria das pessoas que faz resoluções de fim de ano não dá sequer um passo e já em meados de janeiro abandonam seus objetivos. São essas pessoas que costumam afirmar que lhes falta clareza. E essas mesmas que talvez achem pouco se dedicar a pequenas etapas tomam um susto no fim de cada ano quando percebem que ele voou e mais uma vez não realizaram o que pretendiam. Facilmente, quando veem, já se foram três anos, uma década, outra, já se foi a vida, e tão pouco ou nada elas fizeram.

De minha parte, tenho uma excelente notícia sobre o formato proposto: de modo muito natural, você vai realizar as metas em um plano de ação consistente, numa postura de muita clareza e autonomia diante da infinidade de opções que a vida apresenta e sem a pressão de fazer tudo ao mesmo tempo.

Ao fim deste livro você poderá baixar um resumo de exercícios para inserir suas metas de curto e médio prazo.

COMO VALIDAR DESEJOS?

Nos passos três e seis trataremos especificamente da essência feminina. Mas antes é preciso falar do aspecto que molda nossa essência como seres humanos, independentemente de gênero: nossos valores. Devemos sempre validar nossos desejos, objetivos ou metas em relação a nossos valores.

A partir das influências de ambiente, cultura e situações vividas, nossos valores se moldam e formam um pacote de questões individuais fundamentais para nossa realização. De forma inconsciente, decidimos a vida com base neles.

Roberta, 28 anos, me procurou porque sentia que precisava urgentemente trocar de emprego. Só que, ao mesmo tempo, ela se sentia confusa, porque atuava na área havia muito tempo e tinha o cargo que sempre almejara. Não entendia exatamente o que estava errado, mas se via a cada dia mais desmotivada, cansada, triste. "Sufocada", em suas palavras.

Se essa queixa lhe soa familiar, preciso dizer que muito provavelmente o problema não é seu trabalho – ou não é só seu trabalho. E se, ao contrário, você estiver em paz com sua situação profissional, saiba que isso se aplica a qualquer outro desafio da vida. O que nos incomoda não costuma ser o problema em si, mas o que esse problema acarreta em nós. Por isso, para Roberta, não adianta simplesmente trocar de emprego. Seja qual for o problema, o sentimento de inadequação vai persistir e nos acompanhar aonde formos, até chegarmos à questão crucial que nos deixa insatisfeitas. E a chave está em compreender que toda vez que uma situação nos incomoda, um valor nosso está sendo ferido.

Você sabe quais são seus valores? Foi ao fazer essa investigação que Roberta reafirmou a si mesma que realmente estava na atividade certa, que o que estava errado era apenas o espaço físico em que trabalhava, impactando negativamente em seu valor de *liberdade*: a sala dela não tinha sequer uma janela. Perceba que descoberta surpreendente!

Se não temos consciência de nossos valores, eles acabam nos guiando, como quando tomamos uma atitude e ficamos com aquela dúvida se agimos certo ou não. O mesmo acontece ao fazermos uma escolha precipitada, optando por um caminho que não é o melhor, movidas pelo impulso de cessar a dor de um valor pessoal atingido. Diferentemente, quando temos consciência de nossos valores, podemos tanto seguir com nossas escolhas sem culpa e com convicção quanto a fazer negociações com nós mesmas para chegar a decisões mais lapidadas. Conhecer nossos valores nos dá clareza de nossas decisões. No caso de Roberta, sem o conhecimento de seus valores, ela acabaria saindo do emprego, abrindo mão do cargo que tanto havia batalhado para conquistar, quando no fundo o problema se solucionou com uma simples troca de sala.

Pode acontecer de você desejar muito ir em uma direção, mas ficar paralisada por causa de um valor pessoal. É o que acontece com quem deseja empreender, mas tem o valor de segurança exacerbado. Um valor também pode lhe impulsionar a conquistar tudo o que você possui. Em minha vida, foi quando identifiquei a importância que a liberdade tem para mim que entendi por que sempre fui a ovelha desgarrada da família, a primeira a empreender e desde cedo, aos 18 anos. Foi nessa autoanálise que a culpa por nunca ter tido carteira de trabalho assinada – algo tão importante e valioso para familiares cujo valor principal certamente é a segurança – se dissipou para mim.

Mudando um pouco o foco, podemos pensar que muitos dos desentendimentos entre casais têm origem no embate entre valores, como quando um deles valoriza o desafio e acaba trocando frequentemente de emprego e cidade, enquanto o outro tem como valor essencial a segurança, de modo que não suporta correr riscos nem o desconhecido.

O valor de segurança pode ser responsável pela dificuldade de se permitir novos desafios. É algo que costuma manter as pessoas por anos no mesmo emprego. O valor de liberdade possivelmente é responsável pelo ímpeto de viajar pelo mundo e sonhar com uma atividade que permita autonomia geográfica e de horários. Os valores de respeito ou de honestidade podem definir o voto em um candidato ou em outro. O valor de contribuição pode fazer com que a mulher abra mão de uma oportunidade muito boa financeiramente, mas na qual não se sinta útil.

O valor de status pode tanto lhe fazer gastar mais do que você tem como viabilizar grandes conquistas. O valor de ordem e organização pode torná-la extremamente organizada e efetiva em todas as entregas, mas pode lhe deixar metódica demais. Levanto esses exemplos para mencionar que não existe valor bom ou ruim. Por isso, reafirmo: quando tomamos consciência daquilo que valorizamos, conseguimos ceder em relação a algo estratégico. Outras vezes, com tal percepção, ganhamos força para privilegiar o que se faz necessário em determinadas situações, nos empoderando de nossas decisões.

Nossos valores podem mudar ao longo da vida, contudo, segundo minha experiência e no atendimento a outras mulheres, nunca observei uma alteração completa de valores, apenas a substituição de um ou dois por outros em determinadas fases da vida – e isso, para mim, só endossa o peso que eles têm em nossas decisões. Antes de ter filhos, o *desafio* me movia, enquanto a segurança me era indiferente. Porém, a partir da maternidade, eu só consigo me permitir um novo desafio depois de saber que meus filhos estão em segurança física e financeira. Aproveito também para mencionar que os valores têm uma ordem hierárquica para nós. Entre cinco valores essenciais, você terá um principal, e os demais na sequência, em ordem do que lhe é mais importante.

Foi o que aconteceu durante meu primeiro puerpério: quando movida por meu valor do desafio, senti o ímpeto de buscar uma trilha de formações para edificar meus aprendizados adquiridos autodidaticamente na área do comportamento humano. Só consegui passar quinze dias a mil quilômetros de distância de meu bebê para uma primeira formação tendo a garantia de que ele estaria plenamente em segurança, assistido por pessoas de minha extrema confiança (meu marido e minha mãe). Se não conhecesse meus valores, eu possivelmente abriria mão daquele objetivo tão importante para minha felicidade.

Nossos desejos costumam ser um chamado de nossa essência para atender a nossos valores. Ao identificar seus valores, fica fácil discernir se seus objetivos estão alinhados com sua essência ou se são influenciados pelo ambiente, por outras pessoas ou tendências. E quanto mais todos os seus valores forem supridos em suas relações, suas atividades e suas escolhas, maior será sua sensação de paz e de estar no caminho certo. Conhecer seus valores facilita nossas decisões e nos liberta do julgamento de outras pessoas, porque se nos questionarem, teremos convicção. Em síntese, os valores são guia e aval.

Acredito que tenha ficado claro como os valores nos governam e que, se eles fazem parte de quem você é, é fundamental para sua felicidade que os conheça. Para continuar, é importante que identifique seus valores. Veja a lista a seguir[17] e siga as orientações.

PREVISIBILIDADE   ACEITAÇÃO SOCIAL   ESTABILIDADE INDEPENDÊNCIA   DESAFIOS   RESPEITO   REPUTAÇÃO PODER   SUCESSO   JUSTIÇA   EXCELÊNCIA   STATUS MUDANÇA   HONESTIDADE   FAMA   CONTRIBUIÇÃO COMPROMETIMENTO COMIGO MESMA   LIBERDADE ROTINA   COMPETIVIDADE   RESPONSABILIDADE COMPAIXÃO   COMPROMETIMENTO COM O PRÓXIMO RECONHECIMENTO   INDIVIDUALIDADE EVOLUÇÃO PERMANENTE   CRESCIMENTO CONTÍNUO ORDEM E ORGANIZAÇÃO   SEGURANÇA

Não circular os demais não significa que você não se importe com essas questões, apenas que as suas prioridades neste momento são outras. Reconhecer isso é a chave para muitos entendimentos sobre si. Digo isso porque já vi muitas mulheres se julgando ao não circularem algum valor, influenciadas por sua criação, sua religião ou por outros fatores. Também é comum haver resistência das mulheres em assinalar valores como status, sucesso e reconhecimento, porque a humildade é uma virtude que costuma ser enaltecida – inclusive, biblicamente.

---

[17] Lista da Ferramenta de Valores IGT International Coaching.

Neste exercício, a única regra é ser sincera consigo mesma. Muitas vezes estamos sob forte influência de valores alheios, do ambiente e da cultura em que vivemos, e o que queremos aqui, justamente, é mapear seus reais valores.

Você pode começar assinalando aqueles com os quais se identifica pouco ou nada, depois sublinhar palavras que preza, mas que tudo bem se vez ou outra não fizerem parte de sua vida. Por fim, entre as que sobrarem, será mais fácil de selecionar as cinco fundamentais.

Responda, a seguir, quais são seus cinco valores em ordem de importância:

1. _____
2. _____
3. _____
4. _____
5. _____

Hoje, quais desses valores estão supridos?

_____

Seus três objetivos principais se relacionam a seus valores? Algum em maior intensidade?

_____

_____

_____

_____

Tenha seus valores listados e enumerados. Então, toda vez que estiver diante de um impasse, revisite essa anotação. A causa do que a angustia muito provavelmente estará num valor essencial sendo ferido.

Além disso, há um fator reverso sobre valores que é muito importante para adicionar clareza ao que precisamos fazer para atingir nossos objetivos. Embora não seja possível adicionar um valor que não temos, podemos perceber como nos abrir para determinada questão que não é naturalmente importante para nós pode ser uma peça para atingir algo que buscamos.

Carina, de 36 anos, teve a percepção de que apesar de não priorizar o valor desafios, incorporá-lo em sua vida lhe traria novas oportunidades e, adiante, mais segurança e independência, que são valores essenciais para ela. Para Carina, foi essa constatação que justificou seu desejo de empreender, encorajando-a a dar os primeiros passos nesse sentido, mesmo que de início ela precisasse conciliar com o emprego que lhe garantia segurança (esse, sim, um de seus valores listados).

Alguma das palavras não é um valor seu, não é algo intrínseco de sua essência, mas você acha que, se der abertura ou exercitá-la, pode contribuir para a conquista dos seus objetivos?

INICIE O CAMINHO, MESMO COM CERRAÇÃO!

Neste capítulo, você exercitou ferramentas poderosas para obter clareza. Sei que ainda fervilham muitas questões por aí, mas saiba que não há como enxergar todo o caminho sem começar a andar. A cada passo dado, você enxergará um pouco mais.

Se já dirigiu na cerração, como é comum para quem mora na Serra Gaúcha, como eu, sabe que tem dias de cerração em que a gente não enxerga um palmo à frente, muito menos o trajeto completo. Em casos assim, são duas as alternativas: a primeira, mais usual, é seguir devagarinho, porque, a cada metro avançado a gente vê os próximos. Outra é aguardar algumas horas até a cerração baixar... Mas mesmo assim não será possível ver o caminho completo. A maioria das pessoas sai mesmo com cerração, porque, se esperar baixar, pode ser que perca a hora e os compromissos. Na vida também é assim: se esperamos demais, muitas vezes as oportunidades se dissipam. Nesses casos, mesmo que tenha convicção absoluta, pode ser tarde demais.

De minha parte, defendo que é necessário ter alguns objetivos definidos, não importa quais sejam, aí, em movimento, você ajusta o que for preciso e renova as metas de trecho em trecho. O importante é garantir que estejam alinhados com seus valores. Exatamente o que aconteceu ou vai acontecer assim que tiver feito com atenção os exercícios destas páginas. O resto vai ficar mais claro conforme você for andando. Por isso, apenas comece!

A DESCULPA PERFEITA

Talvez sejam as autossabotagens que a impeçam de avançar. Ao ter a oportunidade de perceber em si esses comportamentos, você vai estar apta a minimizar a influência desses bloqueios inconscientes. Em minha prática de atendimento, identifico como os principais sabotadores[18] impactam os desafios femininos e destaco especificidades desses pensamentos e comportamentos para as mulheres.

Como os sabotadores se sedimentam na mente humana desde a infância, quero evidenciar que, para as mulheres, muitos deles têm a influência do tratamento que recebem em sua criação, reverberando de forma marcante e intensa e as prejudicando.

O primeiro dos comportamentos sabotadores que vou elucidar é o esquivo.[19] Com foco extremo no que é agradável, ele pode fazer com que a mulher use a falta de clareza como desculpa para ficar inerte, sobretudo se há relativo conforto nesse lugar. Quantas mulheres foram ensinadas a dizer "sim", com sorriso no rosto, para coisas que não desejam?

O comportamento esquivo também evita o risco de qualquer desconforto ou situação que nos desafie. "Não tenho como agir porque não sei meu propósito", ou porque "não tenho certeza do que realmente quero", ou ainda "não sei se é o melhor para

---

[18] Os comportamentos sabotadores abordados ao longo deste livro foram mapeados pelo pesquisador e professor da Universidade Stanford, Shirzard Chamine, e se aplicam a homens e mulheres. As especificidades dos sabotadores no universo feminino são levantadas e correlacionadas em minha prática de atendimentos.

[19] CHAMINE, S. **Inteligência positiva**: por que só 20% das equipes e dos indivíduos alcançam seu verdadeiro potencial e como você pode alcançar o seu. Rio de Janeiro: Fontanar, 2019.

Passo 1 - Clareza **75**

mim" – todos esses são argumentos muito bons para a inércia. E assumir o que queremos e fazer os movimentos necessários sempre demanda sair da zona de conforto. Emagrecer exige muita disciplina. Mudar de carreira exige muita dedicação. Ganhar mais dinheiro exige muitas mudanças.

A conquista de qualquer objetivo vai demandar algo. E nossa mente sabotadora esquiva tende a deixar tudo como está. E faz isso parecendo ajudar, afinal, enquanto ela sopra que a gente não tem clareza, que é melhor não trocar o certo pelo duvidoso, nos mantém na área de segurança daquilo a que estamos acostumadas. O problema é que, no fim das contas, acabamos nos esquivando também do que nossa essência realmente deseja e de lugares que seriam bem mais reconfortantes e satisfatórios depois de passar pelo processo necessário. E sei que é duro ouvir isso, mas, enquanto não calamos essa voz esquiva em nós, continuamos procrastinando nossa felicidade e ressentindo-nos disso.

LEMBRA COMO NO PASSADO AS MULHERES TINHAM DE REPRIMIR DESEJOS? DIFERENTEMENTE DELAS, NÓS PODEMOS E PRECISAMOS ASSUMI-LOS, SOBRETUDO PARA NÓS MESMAS, SE QUISERMOS DE FATO REALIZÁ-LOS.

@MARCIELESCARTON

O GRANDE PODER

PASSO 2
CORAGEM

6

AJA CONFORME SUAS VONTADES

No capítulo anterior, desconstruímos a crença limitante de que clareza é algo dificílimo de conseguir. Você já entendeu que não é necessário dispor de uma visão panorâmica para dar o primeiro passo. Então está pronta para agir conforme suas vontades. Mas como vencer os medos e as inseguranças que a impedem de avançar?

Esses são sentimentos que costumam fazer parte de qualquer trajeto, toda vez que partimos rumo a uma nova conquista. Para, apesar deles, conseguirmos nos mover na direção de nossos desejos, precisamos de muita confiança em nós mesmas. Assim, o segundo passo para acessar a força feminina é ter coragem de realizar as ações que os objetivos demandam. E, para isso, é necessário sair da síndrome da hamster, cujo sintoma determinante é a estagnação.

Por todo lado, vejo mulheres como essas ratinhas fofas: demonstram relativa felicidade enquanto andam sem parar, com a urgência de quem está indo a um lugar muito importante, quando nem sabem ao certo para onde vão – pior, na verdade, nem saem do lugar. E continuarão assim, até que adquiram o ímpeto de saltar e se libertar dessa roda aprisionante.

Muitas jamais mudarão, porque sequer chegam a ter consciência de que há maneiras diferentes de viver. Mas há aquelas que sonham com melhores cenários e possibilidades e sentem que eles podem existir. Porém, logo percebem que o mundo além de seu círculo habitual é imenso, e o desconhecido amedronta. Então, seguem na inércia, espreitando a oportunidade perfeita, aquela que, acreditam, finalmente as encorajará a saltar e desbravar novos horizontes. Só que esse dia nunca chega, porque a coragem não está em outro lugar senão dentro delas mesmas. Só é possível encher-se de coragem e autoconfiança ao reconhecer internamente os recursos que possuem.

Todas nós, em alguns ou vários aspectos da vida, temos vínculos que precisamos romper: na profissão, no relacionamento, na maneira como lidamos com o dinheiro ou até na forma como tratamos nosso corpo... Há alguma roda em que você se sente presa? Há algum aspecto da vida que você não suporta mais? Você sente certa frustração e sentimento de incapacidade porque as coisas parecem não andar como gostaria? Se sim, não se ressinta. Esse desconforto é valioso, porque é crucial para fazer os movimentos necessários e colocar o que tanto deseja em ação; segundo Tony Robbins,[20] é uma alavanca que a levará à decisão de mudança, sendo que sempre somos movidos pela dor ou pelo prazer.

Para seguir em seu caminho de realização, sejam quais forem suas metas, precisamos tratar do que é capaz de abastecer e manter seu tanque cheio de coragem, tornando-a uma mulher que realmente completa, a cada etapa do trajeto, aquilo que precisa para conquistar seus objetivos: substituir crenças limitantes – e existem algumas muito frequentes entre as mulheres – por convicções fortalecedoras!

Crenças de como você (ou uma situação) é acabam determinando a realidade. Note: não é que elas sejam reais, mas elas criam a realidade, porque você, mesmo que de forma inconsciente, age – ou não – de acordo com aquilo em que acredita. Segundo Henry Ford, se você pensa que pode ou que não pode algo, de qualquer modo você está certa. Comece a pensar, sentir, falar coisas positivas sobre si.

A propósito, quais são as verdades que você repete sobre si mesma, verbalizando ou mentalmente? Veja se algumas das frases a seguir lhe soam familiares. Ressignificando-as, você vai acessar seus recursos internos, se libertar de condicionamentos que a impedem de avançar e trilhar em direção à realização. Terá consciência do que precisa mentalizar para ter confiança e fazer o que a conquista de seus desejos demandam.

CRENÇAS DE IMPEDIMENTO

Pelo Código Civil de 1916, as mulheres casadas eram consideradas relativamente incapazes. Até 1932, não votávamos. Até a Constituição Federal de 1988, era necessária a autorização do marido para a mulher receber herança e exercer alguma profissão.[21] Nossas avós não podiam sair de casa desacompanhadas do

---

[20] ROBBINS, T. **Desperte o seu gigante interior**: como assumir o controle da sua vida. Rio de Janeiro: Best Seller, 2019.

[21] RAGASINI, B. Sete situações absurdas impostas às mulheres no Código Civil de 1916. **Jusbrasil**, 2020. Disponível em: www.jusbrasil.com.br/artigos/7-situacoes-absurdas-impostas-as-mulheres-no-codigo-civil-de-1916/922491481. Acesso em: 6 jun. 2024.

pai ou de um irmão; caso contrário, ficavam malfaladas. Transar antes do casamento significava ser escorraçada da sociedade "de bem". O prazer sexual, aliás, era proibido inclusive para as casadas. Nas festas, apenas os homens tomavam cerveja ou drinque. "Era feio mulher beber", contam as senhoras com 80 anos. A lista seria interminável, uma verdadeira coleção de proibições tolhia a liberdade feminina. Não é de estranhar que, diante de vários anseios, a mente feminina ressoe "não posso".

Foram tantas as imposições de qual era o lugar da mulher que a frase "lugar de mulher é onde ela quiser" virou um slogan para rebater esse histórico de privações. E é uma excelente sugestão de crença fortalecedora para substituir a crença enraizada de que a mulher não pode alguma coisa, ou nada.

Por algum motivo, você já pensou alguma vez não poder realizar um desejo seu? Ter o emprego x, ter boas oportunidades, estudar, empreender, obter tranquilidade ou liberdade financeira, casa própria, emagrecer, casar-se, separar-se, ter mais tempo para si, levar uma vida mais leve... Escreva a seguir qual é esse sonho de que já pensou em desistir ou realmente deixou para lá, por acreditar que não pode. Antes, saiba, você pode tudo o que quiser!

Eu posso:

_____

_____

_____

_____

_____

Busque exemplos de mulheres que já obtiveram essa conquista e repita para si mesma: "Se elas conseguiram, eu também consigo!". Registre também uma pequena ação que você pode fazer nos próximos sete dias para rumar a essa realização.

_____

_____

_____

_____

_____

_____

CRENÇAS DE NÃO MERECIMENTO E CULPA

"Não mereço" e "preciso pagar pelos erros que cometi" também são frases que costumam ressoar para as mulheres. No passado, elas se sentiam inadequadas, rejeitadas desde o nascimento, com os pais preferindo os filhos homens, que somariam força de trabalho e não lhes custariam o dote no momento do casamento. Além disso, a religião católica era muito importante nas pequenas comunidades e, no contexto dela, a figura feminina era diminuída.

Bernardete, de 61 anos, demorou para criar uma boa relação com Deus. Para ela, Deus era aquela figura inquisidora que ficava no alto, apontando-lhe o dedo e lembrando que tudo o que ela desejava era pecado. No interior, as mulheres sentavam-se do lado esquerdo das igrejas, porque o da direita, mais importante, era reservado aos homens. O estigma de pecadoras e desmerecedoras diante de Deus explica as crenças de não merecimento e culpa que podemos carregar inconscientemente. É preciso ressignificar, como fez Bernardete, que hoje tem em Deus um amigo acolhedor, que a incentiva e auxilia em tudo.

Você identifica em si alguma crença como essas, de não merecimento ou culpa, que tenha advindo de questões similares?

"Até você se tornar consciente, o inconsciente vai dirigir sua vida, e você chamará isso de destino", disse Carl Gustav Jung, na década de 1930.

Sugestões para ressignificar: "eu sou merecedora"; "eu nunca erro, porque ou eu acerto ou eu aprendo".

CRENÇAS DE INFERIORIDADE

O sentimento de inferioridade em relação aos homens impacta ainda mais no já rotineiro distanciamento das mulheres dos cargos de liderança. "Nasci para os bastidores" era o slogan da assessora parlamentar Sônia, de 41 anos, que se via cobrada junto ao partido político a também assumir um posto de liderança, concorrendo a vereança. Ela percebia um propósito no que estava fazendo, ajudava muitas pessoas e comunidades, e continuar nessa missão dependia de dar esse novo passo.

No exercício de olhar para sua história de vida, revisitou o momento em que era jovem e acompanhou a mãe na mudança da pequeníssima cidade do interior para aquela em que vivem hoje. Portando apenas as roupas do corpo e poucos pertences que couberam numa sacola de plástico, foram acolhidas em um seminário, onde davam suporte aos padres em tarefas de limpeza e organização em troca de moradia e comida. Auxiliavam muito nesses "bastidores".

Narrar essa passagem de sua vida foi como um farol iluminando seu olhar. Sônia percebeu como movimentos de coragem foram necessários tanto para ambas saírem da vida paupérrima que tinham quanto para estudar, ter oportunidades e uma história diferente da que tivera a mãe, que morava de favor. Sônia conquistou casa própria para a família e teve empregos bem-sucedidos. "Para fazer omelete, é preciso quebrar os ovos", disse, sorrindo e instituindo essa expressão popular como sua nova crença fortalecedora, em substituição à limitante em que dizia ter nascido para os bastidores.

O desfecho dessa história foi uma campanha empoderada, com uma mulher pleiteando posto tão importante e representativo. Não se elegeu, mas se fortaleceu para todas as demais conquistas e postos que tem almejado.

Sugestões para ressignificar: "Mereço e posso ser protagonista", "sou digna de feitos e resultados grandiosos".

CRENÇAS DE ESFORÇO

É comum acreditar que sucesso, dinheiro ou felicidade só se alcançam à custa de muito esforço e sacrifício. Com frequência, associa-se a necessidade de sofrimento às conquistas.

Sophia, *in memoriam*, contou-me, aos 92 anos, que, pouco tempo depois do casamento, questionou ao marido o motivo de ele lhe causar tanto sofrimento, se a havia escolhido para se casar. Ele lhe respondeu que precisava de uma mulher como ela, que trabalhasse bem e bastante.

Minha intenção aqui é mostrar como muitas crenças advêm da história – coletiva ou individual – das mulheres. Cada uma de nós tem crenças que se sedimentaram ao longo da vida, que foram moldadas de acordo com a forma com que nossos pais ou familiares próximos enxergavam o mundo.

Meu pai, por exemplo trabalhou muito a vida toda – durante o dia, como agricultor na produção de uvas, à noite como motorista de ambulância. Vivia dizendo que não tinha tempo de lazer. Somou uma boa reserva financeira, mas não desfruta dela, porque sente que precisa se precaver para eventuais dias difíceis.

Durante a faculdade de jornalismo, quando eu estudava de manhã e fazia estágio à tarde, arranjei uma atividade remunerada aos fins de semana e fiquei com apenas um fim de semana de folga por ano. Assim que me formei, passei a me dedicar tanto aos clientes da assessoria de imprensa que não tinha hora para encerrar o expediente, atendia a qualquer demanda prontamente, não importava o horário. O trabalho sempre vinha antes.

Descrevendo assim, fica muito claro o que aprendi com meu pai. Mas foram necessários anos e bastante autoconhecimento para eu me dar conta de minha crença limitante de que "é preciso trabalhar dia e noite para ter algo na vida". Essa cortina caiu diante de meus olhos quando eu já havia começado a atuar com desenvolvimento feminino, mas conciliava as mentorias individuais com a empresa de assessoria. Dedicando-me à empresa durante o dia e aos atendimentos às mulheres todos os fins de tarde, noite e sábados, não tinha mais horário disponível para novas clientes – e mesmo assim tinha bloqueio em relação a aumentar o preço de meus serviços.

Não importava o que estivesse fazendo, sempre dava jeito de "trabalhar dia e noite" e sentia-me extremamente culpada ao me permitir um pouco de diversão. Estava condicionada a despender muito, muito esforço, me estafar para ter o mínimo.

E como me dei conta e ressignifiquei essa crença? Me observando. Com os conhecimentos que adquiri sobre mentalidade, já vinha me dando conta desse padrão, mas o ponto de virada aconteceu no dia em que fui contratada para uma palestra no hospital em que meu pai trabalhava. Recebi por cinquenta minutos extremamente leves e prazerosos um valor muito próximo ao que ele recebia pelo mês inteiro de seu trabalho noturno. Esse momento foi libertador, como é toda vez que ressignificamos uma crença. Percebi que não era preciso me acabar de tanto trabalho, que eu podia trabalhar com leveza, sem sacrifício e, ao mesmo tempo, ganhar bem.

Neste momento, você identifica algum padrão relacionado a esforço excessivo ou algum tipo de escassez em sua história que possa ter fixado em sua mente como uma crença limitante, de modo a prejudicar a conquista de seus desejos?

_____

_____

_____

_____

_____

_____

_____

_____

Sugestões para ressignificar: "tudo vem a mim com alegria, facilidade e glória" e "trabalhar e fazer dinheiro pode ser leve".

CRENÇAS DE IDADE

Considerando tanto questões físicas quanto emocionais, quantos anos você diria que tem, se não soubesse a própria idade? Posso arriscar que você diria mais anos do que possui. Isso porque nós, mulheres, estamos condicionadas a nos enxergar mais velhas mesmo; afinal, quantas vezes já ouvimos que meninas amadurecem antes, que mulheres têm prazo de validade, que fulana está velha demais? A pressão estética nos lembra a todo instante que é melhor frearmos o envelhecimento. Afinal, aos 80 anos, um homem é sábio; uma mulher, velha. Aos 60, um homem é experiente; uma mulher, velha. Aos 50, um homem grisalho é maduro e charmoso; uma mulher grisalha, desleixada e velha.

No passado das mulheres que entrevistei, chegar à idade "avançada" dos 25 anos sem ter se casado era vexatório; ter filhos depois dos 30 era raridade; e ao se aproximar dos 50 elas já eram basicamente idosas que deveriam ficar reclusas.

Pouco tempo atrás, vi na internet uma notícia de jornal da década de 1960 cuja manchete era o atropelamento de uma "velhinha de 42 anos" por um ônibus que invadiu sua casa humilde. Ao lado, alguém fez uma montagem colocando a foto de uma "velhinha" da mesma idade hoje em dia, a atriz Paolla Oliveira, no Carnaval. Trago essa imagem para nos lembrar que o tempo passa, as concepções e a forma de viver mudam, e o que envelhece mal é o apego a pensamentos ultrapassados.

Tenha 20 ou 80 anos, toda vez que se sentir velha ou achar que o tempo de algo já passou, conteste esse pensamento, porque uma idade certa para isso ou aquilo é apenas uma convenção que depende da época e da cultura em que se insere.

Sugestões de crenças fortalecedoras para casos assim: "sempre estou no tempo certo", "nunca estive tão bem quanto agora", "agora que sou minha versão aprimorada".

CRENÇAS RELACIONADAS À MATERNIDADE

"Sou mãe!" Essa afirmação é prova de que uma mesma crença pode ser tanto limitante quanto fortalecedora, de acordo com as motivações. Há mulheres que condicionam que depois de terem filhos não podem empreender, cuidar do corpo e da saúde etc., porque são mães. Há mulheres que empreendem, passam a cuidar mais do corpo e da saúde etc. justamente porque se tornaram mães.

Quando, com a chegada da maternidade, instaura-se a crença limitante de que "esse não é o momento para pensar em mim", porque se deseja o melhor para os filhos, a mulher precisa perceber que é justamente por isso que deve ainda mais pensar e cuidar de si mesma. Quanto melhor, mais saudável física e mentalmente e, sobretudo, quanto mais feliz e realizada estiver, mais e melhor se entregará a seus rebentos.

Sugestões para ressignificar: "Ser mãe me fortalece e me capacita para grandes desafios e realizações", "ser mãe me impulsiona a ser melhor e buscar, a cada dia, o melhor para mim e minha família".

CRENÇAS DE INCAPACIDADE

"Ainda não estou pronta", "não sou capaz", "preciso me preparar mais"; "preciso ser perfeita", "não tenho esse talento".

Você se identifica com esse tipo de afirmação? Se é daquelas que ainda não partiram rumo a um grande sonho, porque não se sente pronta, não encontrou as condições ideais ou gostaria de fazer mais aquele curso ou treinamento, saiba que esse dia não chegará até que você negocie consigo mesma para ceder um pouco em relação à necessidade de que tudo esteja perfeito. Este é um alerta, em especial, para mulheres que possam ter o valor da excelência.

Existe um clichê que diz que se você pode desejar, pode conquistar. Você deveria repeti-lo como mantra para espantar suas crenças de incapacidade todas as vezes que estas lhe rondarem. Sei, porém, que não é fácil para quem tem tais crenças, de modo que vou salientar alguns aspectos para iluminar causas desses bloqueios e motivos que devem encorajá-la à ação.

Um estudo da empresa de tecnologia HP mostrou que as mulheres perdem oportunidades por não confiarem em suas habilidades. O levantamento aponta que elas em geral só se candidatam a empregos se atenderem a 100% dos requisitos, enquanto os homens se candidatam mesmo que atendam a apenas 60% dos requisitos.[22]

Nessa busca por perfeição, as mulheres podem tornar-se extremamente críticas e insistentes[23] – dois comportamentos sabota-

---

[22] JUST, C. Mulheres querem ser reconhecidas como líderes, mas ainda há barreiras. **Exame**, 2023. Disponível em: https://exame.com/bussola/mulheres-querem-ser-reconhecidas-como-lideres-mas-ainda-ha-barreiras/. Acesso em 7 jun. 2024.
[23] CHAMINE, S. *op. cit.*

dores e paralisantes. Elas se cobram por uma qualidade que talvez nem exista e se julgam. Em geral são mulheres que se importam demais com críticas e se privam de fazer o que não dominam, conquistando apenas aquilo que está no escopo de suas habilidades e seus talentos inatos. Apresentam, portanto, mindset fixo em oposição ao mindset de crescimento comum a pessoas que acreditam que podem desenvolver e aprimorar habilidades, que não precisam nascer prontas e que não é depreciativo não saber ou receber orientação para algo. Essas atitudes mentais com que encaramos a vida limitam ou ampliam conquistas, determinando por que algumas pessoas obtêm sucesso e outras não. O mais importante desse conceito, apresentado pela pesquisadora e professora de psicologia, Carol Dweck,[24] é que todos somos capazes de mudar nosso mindset.

No contexto do empreendedorismo, existe o conceito de "produto minimamente viável", que consiste em rodar um produto ou um serviço com o mínimo de recursos e logo, a fim de testar a aceitação no mercado. Trate suas ideias como protótipos e aproveite para testá-las quanto antes. Permita-se errar logo e, então, já se aprimorar.

Em todas as profissões, há pessoas com menos competência e habilidades que outras e que, mesmo assim, têm mais visibilidade, obtendo mais resultados e ganhando muito mais reconhecimento e dinheiro simplesmente porque entraram em ação.

Em sabedoria atribuída a Sócrates, encontramos o melhor antídoto para ficar imunes a quaisquer críticas e julgamentos que possamos temer. Faça-se as três perguntas a seguir e só leve o comentário em consideração se ao menos uma das respostas for "sim". O que estão dizendo ou teme que digam sobre você é:

---

[24] DWECK, C. S. **Mindset**: a nova psicologia do sucesso. São Paulo: Objetiva, 2017.

1) verdade?

2) positivo?

3) útil?

Conta a história que o filósofo usou essa estratégia para evitar que um discípulo lhe contasse uma fofoca sobre um amigo. Então faça o mesmo e utilize os filtros socráticos: se o que disserem sobre você não for útil, nem ao menos positivo e muito menos verdadeiro, por que se importar?

Aqui, algumas sugestões de crenças fortalecedoras para substituir as negativas: "eu posso aprender", "eu posso aperfeiçoar", "eu faço o melhor com o que tenho", "eu sou capaz", "meu repertório fará a diferença", "eu posso mudar".

Mãos à obra! Escreva aqui o que você tem postergado, mas que, após essa reflexão, vai levar adiante.

RESSIGNIFIQUE

Tem alguma espécie de slogan que você vive repetindo? Aqui, identificamos diversas crenças que limitam as mulheres e as contestamos. Alguma dessas sentenças tem influência negativa em suas conquistas? Registre, a seguir, de uma a três crenças que você percebeu que a prejudicam e, para cada uma delas, escreva uma substituta fortalecedora.

Se quiser, baixe um arquivo com cerca de cem crenças frequentes junto com um mapa dos sete passos, que será compartilhado ao fim do livro.

Crença limitante 1: _____

Crença limitante 2: _____

Crença limitante 3: _____

Crença fortalecedora 1: _____

Crença fortalecedora 2: _____

Crença fortalecedora 3: _____

Pense, sinta, verbalize coisas positivas sobre você. É preciso que não sejam sentenças vazias, repetidas automaticamente; por isso, reúna argumentos que a façam mentalizar a nova frase. Para vencer a crença "não sou suficiente", por exemplo, enumere todas as responsabilidades que você tem, todas as tarefas que faz, todos os papéis que desempenha. Revista cada nova sentença de robustas alegações, porque, para ser fortalecedora, você realmente precisa acreditar nela.

PASSO 3
INDEPENDÊNCIA

OS PODERES INTERNO E EXTERNO E O REAL EMPODERAMENTO

— Você é independente?

— Sim, trabalho e tenho renda própria.

Muito da insatisfação feminina vem dessa resposta. Não porque a mulher tem uma profissão, mas porque atrela a independência somente a fatores externos. A independência, para ser completa, também precisa ser interna.

Existem mulheres com relativo sucesso profissional e financeiro que se afirmam e são vistas como independentes, mas que sentem como se não avançassem. A essas mulheres, falta a independência interna. E essa somente se dá ao se conectar ou reconectar com sua energia feminina.

Este capítulo é um caminho para você se tornar plenamente independente ao conquistar tanto poder interno quanto externo e, assim, alcançar sua verdadeira liberdade.

EMPODERANDO-SE INTERNAMENTE

"Você não se angustiou quando soube que teria uma filha menina, sabendo quanto é difícil ser mulher em nossa sociedade?". Eu ouvi muito esse questionamento quando engravidei, e minha resposta todas as vezes foi: "Absolutamente, não!".

Veja, apesar das desigualdades que a sociedade ainda precisa mitigar – a ONU preconiza que sejam necessários ainda cerca de trezentos anos para a igualdade de gênero absoluta –,[25] minha filha nasceu, em 2023, com larga vantagem em relação a mulheres que vieram ao mundo cerca de meio século antes.

Angústia, se não desespero, era o que sentiam nossas bisavós a cada menina que tinham a surpresa de trazerem ao mundo. Quantas de nossas antepassadas

---

[25] SUBRAMANIAM, T. ONU estima que serão necessários trezentos anos para o mundo atingir a igualdade de gênero. **CNN**, 2023. Disponível em: www.cnnbrasil. com.br/internacional/onu-estima-que-serao-necessarios-300-anos-para-o-mundo -atingir-a-igualdade-de-genero/. Acesso em: 6 jul. 2024.

foram hostilizadas por não darem ao marido um filho homem? E hoje sabemos que a definição do sexo se dá pelo material genético do pai biológico.

Hoje, meninas como Améli, minha filha, são amplamente desejadas, respeitadas e preparadas em seu poder pessoal para que o mundo as respeite. Assim, quando soube que teria uma menina, senti imensa felicidade e esperança! Estava repleta de alegria pela oportunidade de contar uma nova história na concepção, na recepção e na criação de uma vida feminina neste mundo. Uma vida próspera, livre, cheia de oportunidades. Repleta de proteção, orientação e também de muito incentivo e encorajamento.

Eu ouvi de minhas amadas avós que ser mulher tinha muitas desvantagens. Que era mais fácil ser homem, já que eles baixavam as calças e seguiam a vida, enquanto as mulheres engravidavam e tinham a responsabilidade de criar os filhos caso os pais biológicos não os assumissem. Mas sei que minha vida já teve muitos avanços em relação à delas.

Não se trata de romantizar e dizer que não há desafios em ser mulher, muito pelo contrário. Assumindo que ainda existe muito a avançar, é preciso não nos diminuirmos, e sim nos fortalecermos! Isso é nos empoderarmos de nossa essência. Honrá-la, valorizá-la, destacando as vantagens de ser mulher. Precisamos parar de falar do prejuízo que é ser mulher. Vamos contribuir para mudar essa conjuntura enaltecendo a essência feminina e os comportamentos danosos às mulheres.

A desconexão da mulher com seu feminino também ocorre pela imagem estereotipada sobre ser feminina. Digite no Google "ser feminina é", e você vai encontrar características como "doce", "sensível", "carinhosa", "meiga", "carente", "frágil". Podemos ter todas essas características, mas dizer que elas são nossa essência não tem cabimento.

Há cerca de trinta anos, a psicóloga Clarissa Pinkola Estés propôs que problemas como medo, depressão, fragilidade e bloqueios femininos advinham do desenvolvimento de uma cultura que transformou a mulher em uma espécie de animal doméstico e presenteou-nos com a associação da essência feminina ao arquétipo da mulher selvagem, mostrando, por mitos e histórias, a psique instintiva da mulher. Veja o que ela diz em sua obra mais famosa, *Mulheres que correm com os lobos*:

Uma mulher saudável assemelha-se muito a um lobo; robusta, plena, com grande força vital, que dá a vida, que tem consciência do seu território, engenhosa, leal, que gosta de perambular. Entretanto, a separação da natureza selvagem faz com que a mulher se torne mesquinha, parca, fantasmagórica, espectral. Não fomos feitas para sermos franzinas, de cabelos frágeis, incapazes de saltar, de perseguir, de parir, de criar uma vida. Quando as vidas das mulheres estão em estase, tédio, já está na hora de a mulher selvática aflorar.[26]

ESSÊNCIA DE LOBA

Em nossa criação patriarcal, somos incentivadas a manifestar os estereótipos da feminilidade, além de sermos elogiadas por essas características. Ao mesmo tempo, somos reprimidas quando temos predileção por características de nossa verdadeira essência. Tanto que, muito provavelmente, até esta leitura talvez você não soubesse exatamente quais eram essas características. A partir de agora, entenda as peculiaridades da essência feminina para valorizá-las e se apropriar delas, usando-as sempre a seu favor. É pela consciência desses aspectos que você se empodera de fato.

As características associadas ao arquétipo da loba, definido por Clarissa Pinkola Estés em sua obra, presenteiam-nos com a força da mulher instintiva, que instiga ainda mais o pacote de nosso poder interno: conexão com a natureza, força e vitalidade, criatividade, curiosidade e intuição.

Note como a vida das mulheres tem seguido na contramão dessas características. A rotina de grande parte de nós inclui trabalho em ambientes fechados, diante de telas, com pouco movimento. Cansadas, sem energia para aproveitar os poucos momentos de folga, não é difícil entender por que tantas caem no sedentarismo. Sem contato com a natureza, enfraquecidas, sem força nem vitalidade para correrem livres como desejam as lobas que habitam suas essências.

Além da natureza externa, muitas mulheres estão desconectadas de sua própria natureza por diversos fatores, como o uso de métodos anticoncepcionais que

---

[26] ESTÉS, C. E. **Mulheres que correm com os lobos**: mitos e histórias do arquétipo da mulher selvagem. Rio de Janeiro: Rocco, 2014.

alteram o ciclo menstrual. Nesse ponto, é importante lembrar que a escolha de utilizar ou não tais métodos é uma liberdade pessoal e legítima. Além disso, devemos reconhecer que há mulheres que não menstruam e que isso não diminui sua feminilidade nem a conexão com sua essência. Cada mulher deve ter a liberdade de escolher o que é melhor para seu corpo e seu bem-estar, respeitando sua individualidade e suas necessidades. Contudo, são muitas as mulheres acometidas por intensos desconfortos no período menstrual e que se tratam mal quando estão "naqueles dias", cobrando-se pelo que consideram diminuição de produtividade, fazendo ou aceitando piadas sobre esse período que poderia ser tão fortalecedor para elas e até amaldiçoando esse fluxo natural que valida a saúde de seu corpo.

Repare também como, em nossa sociedade, ser curiosa é pejorativo quando se trata das mulheres – você já deve ter ouvido alguém falar que um homem curioso tem faro investigativo, e que uma mulher curiosa é bisbilhoteira.

Enfim, perceba se você é daquelas que diz não ser criativa. Mulheres são amplamente capazes de criar. Criam, inclusive, a vida dentro de si! Você precisa se conectar com essa capacidade e direcioná-la para qualquer projeto que venha a ter.

Como nutrir essas características em nós? Tenho algumas sugestões para inspirá-la.

- **Reconecte-se com a natureza.** Escolha algo bem simples, que você pode fazer toda semana e que envolva estar junto à natureza. Algo que você sabe que recarrega suas energias. Passar tempo ao ar livre, como andar de bicicleta, ver o nascer ou o pôr do sol, contemplar a chuva, ficar com os pés descalços na grama são algumas sugestões.
- **Honre sua menstruação**, respeite-se mais nesse período, tratando-se com carinho e paciência. Aceite que precisa e que é importante desacelerar um pouco. Preste atenção em seu corpo, acolhendo as variações em suas emoções nas diferentes fases do mês.[27]

---

[27] Dois livros paras se aprofundar nesse tema: GRAY, M. **Lua vermelha**: as energias criativas do ciclo menstrual como fonte de empoderamento sexual, espiritual e emocional. São Paulo: Pensamento, 2017. KAREEMI. **O poder dos ciclos femininos**: as respostas para entender seu clico menstrual, altos e baixos emocionais e fazer uma revolução dentro de si. São Paulo: Gente, 2023.

- **Mexa-se!** Pratique atividade física ou esporte, de preferência na natureza. Pense na atividade física, a partir de hoje, como algo que você faz não para emagrecer nem para ficar sarada, mas como um fortalecimento, fazendo de seu corpo a expressão de seu empoderamento interno.

- **Busque novos interesses** e incorpore suas descobertas nos relacionamentos pessoais e no ambiente de trabalho. Seu repertório certamente vai se diferenciar em meio a um monte de pessoas que ficam narrando notícias trágicas, brigando por diferenças políticas ou se importando com a vida das celebridades.

- **Deixe aflorar sua criatividade!** Escolha qualquer atividade que dê vazão às suas ideias e habilidades inventivas. Pintar, desenhar, fazer designs, artesanatos, soluções para sua casa do estilo "faça você mesma", mudar a decoração de um ambiente, preparar uma nova receita na cozinha, montar looks diferentes dos habituais... Enfim, use a criatividade!

- **Dê valor a sua intuição!** Lembre-se das vezes em que pressentiu algo, achou que fosse besteira ou coisa da imaginação, mas depois descobriu que estava certa... Mas como ter certeza de quando é mesmo intuição? Não há argumentos que possam contestar fatos, então comece a dar ouvidos a sua voz interna sábia. Logo você terá uma coleção de validações próprias sobre ela.

- **Silencie sua mente e aguce todos os seus sentidos para perceber quando seu corpo e sua mente se comunicam com você.** A intuição pode vir como reação física, como batidas mais aceleradas do coração; por um aroma diferente que sente e relacione a algo que faça sentido para você; como algo que percebe visualmente no ambiente, pensamentos inesperados ou sonhos etc. Por isso, crie em sua casa ou no seu quarto um espaço de aconchego e relaxamento, de conexão com seu feminino. Aliás, já reparou como até as decorações estão cada vez mais masculinas, práticas, retas? Tenha um espaço onde aguçar todos seus sentidos, como o toque ao fazer uma automassagem, explore as cores em almofadas, ouça músicas suaves, que alegrem, emocionem, gerem lembranças doces e encontre artifícios para despertar sensações em você e deixá-la envolta em bem-estar, com a mente tranquila e receptiva a intuições.

A POLARIDADE QUE NOS NUTRE

Na cultura chinesa, existe o conceito de yin e yang, que expõe a dualidade de tudo o que há no universo ao descrever duas forças fundamentais opostas e complementares que se encontram em todas as coisas. Noite e dia. Água e fogo. Frio e quente. Macio e duro. Úmido e seco. Feminino e masculino. Nesse conceito, tem-se uma ótima descrição de nossa essência: o feminino é cíclico, não linear, cheio de fases, tal qual a Lua, é marcado pela subjetividade; o masculino pode ser comparado ao Sol, nasce e se põe todos os dias da mesma forma, no mesmo local, marcado pela objetividade.

É intrínseco à essência feminina buscar amor, conexão, porque essa essência é acolhedora, emocional e com atenção simultânea a várias direções. Da essência masculina, fazem parte a razão, o foco, a busca por um resultado, uma conquista. Não quer dizer que a mulher não tenha nem deva se valer de características que são excelentes para atingir metas, por exemplo. Todos temos ambas as energias, em diferentes combinações. Mas podemos considerar que as mulheres tendem a contar com predominância de energia feminina. Então quer dizer que a mulher se nutre, descansa e se reabastece toda vez que está em sua energia essencial, da calma, do relaxamento, da leveza. E isso explica por que vemos mulheres exauridas: elas estão constantemente submetidas a ambientes acelerados e de pressão por resultados.

O excesso de energia yang e a supressão da energia yin também fazem as mulheres se sentirem deslocadas em determinados lugares, situações e profissões, por acharem que certos objetivos ou conquistas não são para elas, além de lhes gerarem sufocamento, culpa, agressividade e muitas vezes vitimismo. Porém, quando você está nutrida de sua energia essencial, está consciente de seus diferenciais, que lhe fazem, por exemplo, mais maleável e conciliadora e a levam a tomar decisões com tranquilidade.

Uma mulher conectada com sua essência respeita seu ritmo, sua sensibilidade, toma decisões com clareza, tem coragem para agir, é segura e independente. E assim fica natural nos apoderarmos de qualquer ambiente ou circunstância. É assim que a mulher obtém melhores resultados e atinge grandes objetivos, não no esforço e na insistência. Sabe aquela sensação de que tudo está fluindo? Muito provavelmente nesses momentos você está nutrida de suas características femininas, momento de força total!

EMPODERANDO-SE EXTERNAMENTE

Culturalmente, o poder não faz parte de experiências, situações e influências que moldam os valores das mulheres. De todas aquelas que passaram por mim em atendimentos, até hoje, apenas uma delas apontou possuir o valor poder. Segundo dados de 2024 do Instituto Brasileiro de Geografia e Estatística (IBGE), as mulheres ocupam menos de 40% dos cargos gerenciais no mercado de trabalho brasileiro.[28]

Sendo a maioria da população brasileira composta por mulheres (51,5% pelo Censo 2022),[29] nas eleições de 2023 elas representaram menos de 20% das candidaturas eleitas, apesar do número de filiadas ser expressivo (46,2%) e o número de eleitoras ser maior que o de eleitores.[30] Parece estranho esse número tão desequilibrado, certo?

---

[28] ABDALA, V; INDIO, C. Homens ocupam seis em cada dez cargos gerenciais, aponta IBGE. **Agência Brasil**, 2023. Disponível em: https://agenciabrasil.ebc.com.br/geral/noticia/2024-03/homens-ocupam-seis-em-cada-dez-cargos-gerenciais-aponta-ibge. Acesso em: 7 jun. 2024.

[29] IBGE, censo demográfico 2022. **Educa IBGE**, 2022. Disponível em: https://educa.ibge.gov.br/jovens/conheca-o-brasil/populacao/18320-quantidade-de-homens-e-mulheres.html. Acesso em: 7 jun. 2024.

[30] OLIVEIRA, C. Mulheres na política: número de filiadas é expressivo, mas não se traduz em candidatas. **Brasil de Fato**, 2023. Disponível em: www.brasildefato.com.br/2023/07/25/mulheres-na-politica-numero-de-filiadas-e-expressivo-mas-nao-se-traduz-em-candidatas. Acesso em: 7 jun. 2024.

Quando se trata de poder externo, enfrentamos uma contradição. Muitas de nós falamos sobre empoderamento e batalhamos por isso nas redes sociais, mas ainda enfrentamos barreiras significativas ao ocupar cargos de comando. Mesmo sendo maioria em muitos setores, com frequência somos preteridas em posições de poder. Isso reflete a necessidade contínua de lutar pela igualdade de oportunidades. O poder é um valor feminino tanto quanto qualquer outro, e a luta por reconhecimento e valorização de nosso potencial em todas as esferas deve continuar.

Cargos conferem representatividade e ampliam espaços e soluções para demandas femininas. Nas empresas – e, sobretudo, na política –, é nas altas posições que se traça o destino de homens e mulheres a partir de pautas, priorizações, decisões, projetos ou leis. Por isso, mesmo que poder não esteja em seu conjunto de valores, espero que você abra seu coração para a importância dele. Como vimos, ninguém pode forçar-se a ter um valor, mas, ao se conscientizar da diferença que ele tem em nosso processo de realização, podemos, estrategicamente, não o repelir e nos dispor a movimentos que nos aproximem de mais posições de liderança e autoridade em diferentes esferas.

Mesmo que mais mulheres possam despertar para cargos de liderança, o caminho mostra-se longínquo – há levantamentos que indicam ser necessários cerca de 130 anos para a paridade de gênero no cenário corporativo.[31] Há, contudo, um meio que leva ao poder externo sem estar, necessariamente, vinculado à conquista de um cargo. Estou falando de liberdade financeira. Como você se encontra em relação a esse passo?

Independentemente de seu nível financeiro e sua relação com o dinheiro, busque subir para o nível seguinte, tendo planejamento e organização para obter sua liberdade financeira. A reversão da submissão feminina começou a acontecer quando as mulheres passaram a ter o próprio dinheiro. Com ele, conquistaram voz nas decisões de casa e mais liberdade na comunidade como um

---

[31] ALMEIDA, F. Brasil despenca em ranking de igualdade de gênero e ocupa 70° lugar. **Forbes**. Disponível em: https://forbes.com.br/forbes-mulher/2024/06/estamos-a-134-anos-da-igualdade-de-genero-segundo-forum-economico-mundial/. Acesso em: 20 ago. 2024.

todo. "A mãe era até mais ativa, mais enérgica que o pai, nas decisões em casa. Ela se impunha, por vezes até mandava nele, porque tinha seu próprio dinheiro, que ajudava muito nas despesas domésticas", menciona Aide, 80 anos, sobre a principal lembrança que tem da mãe, costureira, uma das poucas mulheres na década de 1960 a trabalhar fora de casa na região onde moravam.

Também na década de 1960, diferentemente das demais moças da vizinhança, Ana, hoje com 76 anos, tinha acesso a itens como maquiagens e tecidos de sua escolha para fazer as próprias roupas, mesmo sendo de uma família humilde de agricultores. Isso porque ela exercia uma atividade remunerada, coisa que não era comum para uma mulher. Aos 16 anos, foi acometida por uma apendicite e, por causa da cirurgia, precisou ficar um mês afastada da lida na roça e dos afazeres domésticos.

Uma prima deu-lhe peças de roupas para costurar, as quais elas entregariam a uma grande confecção. No período, a atividade reverteu um bom dinheiro para a família da garota, então permitiram que ela continuasse fazendo isso após a recuperação.

Assim, Ana foi conquistando independência que outras moças como ela ainda não tinham. Uma vez por semana, ia de ônibus ao centro da cidade entregar as peças prontas e buscar material para a continuidade do trabalho. Com parte do dinheiro que recebia, comprava itens desejados por ela e pelas irmãs mais novas. Estas passaram a ter uma nova referência de mulher em casa, mulher que trabalhava e tinha seu próprio dinheiro. Juntas, na década seguinte, foram as primeiras mulheres a comprar e dirigir um automóvel na pequena comunidade do interior onde residiam.

A autonomia financeira também possibilitou a Ana fazer uma escolha bem mais importante que os itens de cuidado pessoal: seu estado civil. Pela conjuntura e pela habitual dependência financeira da mulher de uma figura masculina, às que não se casavam só restava seguir a vida religiosa, tornando-se freiras. A especulação para Ana não ter se casado era grande, afinal, conforme conta e acha graça, todos a consideravam bonita e julgavam como muito bons seus pretendentes. Ela nunca encontrou alguém que lhe tenha despertado o desejo de dividir a vida e optou por seguir solteira – o que foi possível, já que não dependia de um homem para sobreviver.

E você? O que não pode fazer hoje, mas, se tivesse um degrau acima em sua condição financeira, escolheria fazer ou ter? Nutra sempre o desejo de evoluir em seu poder financeiro e tenha metas ascendentes nesse sentido. Se depende financeiramente de outra pessoa, trace um plano para obter renda. Procure cursos em entidades especializadas que ofereçam capacitação em empreendedorismo e gestão financeira. Se tem dívidas, busque orientação para quitá-las e evitar novos endividamentos. Se já economiza, considere investir, aproveitando informações disponíveis em bibliotecas ou em canais de YouTube confiáveis para aprender sobre investimentos. Se já investe, busque ampliar seus ganhos, siga fazendo movimentos para buscar o degrau seguinte, sempre mirando a liberdade financeira total. E lembre-se de que o acesso ao conhecimento, tão impedido às mulheres do passado, está amplamente disponível para nós, inclusive de forma gratuita e on-line.

CRENÇAS QUE LIMITAM NOSSO PODER E INDEPENDÊNCIA

Muito mais que homens, repare como mulheres têm uma mentalidade de escassez e distanciamento em relação a dinheiro. Isso se expressa em frases que reverberam nos pensamentos, nos sentimentos e nas falas de muitas de nós:

"Não devo cobrar por esse trabalho ou serviço."

"Não gosto de mexer com dinheiro."

"Não tenho dinheiro para nada."

"Dinheiro não dura na minha mão."

"Não sou boa com números."

"Eu não gosto de negócios."

"Empreender não é para todas."

"Dinheiro não é importante para mim."

"Desejo ter apenas o suficiente."

"Não se pode ganhar dinheiro fazendo o que se gosta."

"Meu serviço é baratinho."

"Para ter uma coisa, é preciso abrir mão de outra."

Já falou ou ouviu essas frases de mulheres do seu convívio? Mais uma vez: isso é resultado da história de opressão feminina pela sociedade. Durante a pesquisa para *Mulheres do interior*, cheguei a uma casa centenária, com uma escada que levava a um sótão. Lá havia um baú com memórias e alguns objetos antigos. Cartas, documentos, fotografias amareladas e livros. Um, da década de 1930, chamou minha atenção. Ensinava sobre números romanos, tabuada, matemática em geral. Mas o que me impressionou não foi o ano nem o tema do livro, e sim o título: *Primeira arithmetica para meninos*.[32] Esse livro comprovava como o estudo era uma utopia para as mulheres, que havia diferenciação de conteúdos acessíveis entre meninos e meninas e que temas como números, lógica e noções de economia não eram ensinados a meninas. A elas estavam destinados outros assuntos, que certamente as mantinham longe da independência.

Veja o caso de Louise, que hoje tem 40 anos. Ela desejava imensamente encerrar sua atuação como colaboradora na área administrativa e viver de seus serviços como massoterapeuta, atividade em que se sentia mais realizada. No entanto, não via horizonte para efetivar essa mudança porque não conseguia cobrar de forma justa. Não fixava um valor e deixava que os clientes contribuíssem a seu critério. Só que, quando eles pagavam valores que ela considerava altos, chegava a recusar. Não julgava certo receber dinheiro por algo que ela fazia "de coração".

Durante o atendimento que fiz com ela, ao revisitar lembranças de sua vida relacionadas a dinheiro, chegamos no cerne do bloqueio. Aos 10 anos, Louise morava numa casa cedida por uma amiga da família. Tinha tanto carinho pela proprietária que se oferecia para fazer faxina na casa. Ao fim das tarefas, recebia cachos de banana como recompensa, o que era uma grande alegria para quem, à época, tinha pouco para comer. Ao narrar essa história, arregalou os olhos ao perceber a mensagem que ressoava: "Meu trabalho, aquilo em que auxilio os outros, tem preço de banana", concluiu. Nos três meses seguintes, encerrou a atuação corporativa, desenvolveu a arte da própria marca e passou a atender profissionalmente. Logo sua agenda estava cheia em sua nova e exclusiva atuação.

---

[32] LOBO, J. T. S. **Primeira arithmetica para meninos**. 42ª ed. Porto Alegre: Barcellos, Bertaso & Cia/Livraria do Globo, 1935.

AMBIÇÃO: DEFEITO OU QUALIDADE?

"Tu és uma guria ambiciosa! Ela disse que meu filho tem que ter cuidado contigo!". Ouvi essa fala quando tinha 18 anos e recém-começara a empreender. Quem me falou isso foi a mãe de meu amigo e sócio à época, após consulta com uma vidente. Senti vontade de tomar satisfação. O que ela sabia sobre mim para dizer isso? Videntezinha de araque!

O desfecho foi que fiquei muito magoada e chorei com o que considerei uma grande injustiça. Se eu tivesse 5% do autoconhecimento que tenho hoje, daria um sorriso maroto e diria: "Ela acertou em cheio na parte da ambição!". Com as informações que havia recebido – eu era uma jovem empreendedora, estava na faculdade e me dedicava a estágios na área –, a vidente nem precisava de bola de cristal para tal previsão. E minha ambição só cresceu.

Para empreender, fazer faculdade ou aprender de maneira autodidata, para comprar um imóvel, trocar de emprego ou de carreira, para viajar, cuidar da aparência, investir (em si, na carreira e nas finanças), para descansar, passear, curtir a vida, arriscar, seguir sua intuição, ir além do convencional, para desejar e viver diferente e melhor que a média das pessoas, é necessário ser ambiciosa.

Quantas dessas ambições você já teve e quantas tem hoje? Acrescente ao que já elenquei seus desejos e suas metas. Provavelmente eles mostram quanto você também é "horrivelmente" ambiciosa. Mas ambição não é ganância. A ganância anda de mãos dadas com a inveja, porque não se trata do desejo de crescer, mas do desejo de que o outro não cresça. A ambição é diferente. É uma obstinação intensa para alcançar determinado propósito. A ambição é parceira da abundância, da prosperidade que você deseja para si e para todos! Então, desejo que você seja absurdamente ambiciosa.

QUE VOCÊ TENHA UMA BOLSA DURA

Lia, então com 34 anos, tinha muitos desejos e planos que envolviam coragem para deixar o funcionalismo público e ter a própria empresa, que ela resumiu assim: "Na verdade, quero é me sentar na cadeira branca enorme de minha própria empresa com minha bolsa dura, ali, sobre a mesa".

Pode ser que você se identifique com Lia, e eu considero isso incrível. Mas pode ser o contrário – e, se é o seu caso, gostaria de lhe dizer algo muito importante: mesmo que não deseje presidir uma empresa e que sonhe com uma vida simples, que a permita andar descalça na areia carregando uma bolsa de palha artesanal ou, quem sabe, uma vida minimalista, sem qualquer luxo, desejo que você tenha uma bolsa dura como a almejada por Lia. Mesmo que você se sinta bem em ambientes e vestimentas mais simples, desejo que você tenha o acessório que, como rotulam muitas consultoras de imagem, "a deixa com cara de rica". Você nem precisa usá-la se não quiser; na verdade, nem precisa adquiri-la; desejo, sim, que você tenha poder financeiro e transmita a segurança que uma mulher de negócios sempre carrega. Entende o ponto?

No dia que conversei com Lia, lembrei que sempre passava na frente de uma loja que vendia justamente essas bolsas e, ao ver o preço na etiqueta, pensava: *Cinco, dez, quinze mil reais (ou mais) por um acessório! Jamais pagaria isso numa bolsa. Com esse dinheiro, prefiro investir ou viajar.*

Com essa imagem, gostaria de alinhar dois pontos sobre o empoderamento externo. Primeiro, não importa o que você deseja fazer com o dinheiro, importa que tenha como meta possuí-lo para ter a liberdade e o poder de fazer o que quiser. Indo além, para instigá-la a uma vida infinitamente abundante, pergunto: e se você não precisasse escolher entre duas coisas valiosas? Será que já se imaginou numa vida tão próspera assim? Experimente!

MULHERES SÃO AMPLAMENTE CAPAZES DE CRIAR. CRIAM, INCLUSIVE, A VIDA DENTRO DE SI! VOCÊ PRECISA SE CONECTAR COM ESSA CAPACIDADE E DIRECIONÁ-LA PARA QUALQUER PROJETO QUE VENHA A TER.

@MARCIELESCARTON

O GRANDE PODER

PASSO 4
AUTOESTIMA

8

VALORIZE SUA BELEZA

COMO VOCÊ SE VÊ?

Nossa autoimagem tende a ser severa e sabotadora, de modo que facilmente nos enxergamos com alguma distorção, focamos características que consideramos inadequadas e não reconhecemos nossa beleza.

As preocupações, os desconfortos e os descontentamentos em relação a partes de nosso corpo nos distanciam de nossa inteireza. Somos um conjunto potente, perfeito, cada uma com sua unicidade, mas nos segmentamos e determinamos nosso valor de acordo com partes do corpo. Bunda, peito, boca e outras mais que o momento ditar que devem inflar ou desinflar conforme a tendência. Perceba que não estou falando de roupas, para as quais um ajuste com tesoura dá jeito. Estou falando de partes do corpo, a casa de nossa alma, as quais deveriam ser exaltadas, mas são torturadas com roupas que apertam, procedimentos que padronizam – ou deformam – o que antes era singular.

Somos um todo. É por completo, com sua essência e sua beleza exclusivas, que você importa. Quando se apropria de sua completude, você adquire confiança em si e fortalece seu poder interno também em relação à sua imagem. Deveria ser algo natural, mas, do modo como vivemos, carecemos de um exercício constante de aceitação para que consigamos respeitar, admirar e amar a nós mesmas, principalmente diante do espelho.

Reflita sobre como você tem se olhado. Esse olhar inquisidor é seu mesmo ou está com a lente da mídia, da moda, das redes sociais, das pessoas com quem convive? Se desconsiderasse todos esses olhares alheios, se não houvesse influência nem julgamento de ninguém, como você se enxergaria? Se acharia mais ou menos bonita? Aposto que veria seu reflexo com mais amorosidade e orgulho.

O COMPORTAMENTO REVERSO

A sabotadora vítima, com foco em dificuldades e sentimentos dolorosos, que a faz remoer e lamentar situações vividas como forma de obter atenção,[33] pode se instaurar em relação à autoestima. Quando não se atinge o inatingível, é comum incorrer-se em comportamentos defensivos. O trio das lamentações aparece: "não tenho tempo", "não tenho dinheiro", "não tenho apoio". E aí, em vez de recorrer a procedimentos, a mulher se abstém de qualquer autocuidado.

O pensamento é mais ou menos assim: *Já que não tenho dinheiro para preenchimento, cirurgia, sessões xyz, não vou me exercitar, não vou hidratar minha pele, não farei massagem em mim e vou comer quaisquer besteiras quem entopem meu organismo. Já que não tenho tempo para passar o dia treinando, fico sedentária. Já que ninguém me incentiva, também não faço nada por mim mesma.*

As mulheres do passado não tinham tempo nem dinheiro, muito menos incentivo para cuidarem de si. Eram desestimuladas, reprimidas, nada podia chamar atenção para o corpo delas. Mesmo assim, encontravam formas de cuidar de sua aparência, o que as fazia sentir bem consigo mesmas. Não faltava nas casas das moças um vidro de perfume e um esmalte, ainda que fosse compartilhado entre todas as irmãs de forma discreta, porque os pais não permitiam o uso dos itens, os quais relacionavam a comportamentos promíscuos.

Ana Catharina, em memória, contou-nos, aos 96 anos, que, em sua juventude, já que o pai a proibia de usar batom, ela usava uma espécie de papel crepom, que prensava nos lábios úmidos para conferir tom mais rosado. Muitas senhoras aproveitavam os recursos que tinham em casa.

Além da questão estética, o autocuidado nos faz mais atentas aos sinais físicos e é uma forma também de bem-estar mental.

---

[33] CHAMINE, S. *op. cit.*

Ao cuidarmos de nós, desenvolvemos uma conexão mais profunda com nosso corpo e nossa mente, não só aprimorando nossa saúde, mas também fortalecendo nossa intuição, tornando-nos mais equilibradas e conscientes em todas as áreas da vida.

Quando consideramos todos os recursos de que dispomos também em relação a cuidados pessoais, constatamos que falta de tempo, dinheiro e incentivo não passam de desculpas. Os verdadeiros causadores de problemas de autoestima são outros: a autoimagem sedimentada na infância e na adolescência, a negação de nossa feminilidade e as comparações irreais.

O QUE VOCÊ OUVIA NA INFÂNCIA SOBRE SEU CORPO?

— O que você vai ser quando crescer?

— Bailarina! — respondia a menina, empolgada, ensaiando uns passinhos, aos 5 anos.

— Bailarinas são bem magrinhas, você vai ter que fazer bastante dieta.

— Gordinha desse jeito? Melhor escolher outra coisa.

— Imagina com aquela roupinha, o perfeito botijão.

Foi o que a menina ouviu de amigos da família, de vizinhos e dos próprios parentes. Nas primeiras vezes, ela não entedia direito o significado dos apontamentos. Mas logo começou a perceber dobrinhas em seu corpo; constrangida, parou de falar desse sonho. Bailarina possivelmente não seria mesmo a escolha profissional daquela garotinha, mas lhe roubaram, se não uma carreira artística, uma linda fantasia.

A garotinha estava em idade escolar nos anos 1990, em um mundo ainda muito distante de o termo "bullying" ser largamente usado e entendido como assunto sério. Gordinha e asmática, nunca era escolhida antes para os times na educação física. E houve o dia em que foi a um circo decadente que passou por sua cidade do interior: entre as piadas sem graça, o palhaço apontou para ela, uma das muitas crianças na plateia, e a chamou de irmãzinha do Faustão, icônico apresentador muitas vezes referenciado pelo peso. Em meio às risadas da plateia e a vergonha que parecia sufocá-la, desejou que a lona caísse sobre todos e ninguém mais a visse. Como isso não aconteceu, ela resistiu ao mal-estar até o torturante espetáculo terminar. Ninguém da família falou algo para amenizar a situação. Assim que se fechou em seu quarto, chorou muito.

Mas a vida seguiu, e a garota, que não fazia parte das populares na escola, precisou se destacar de outras formas, estudando muito e tirando as melhores notas. O que não facilitou a situação, porque, além de gordinha e asmática, ficou conhecida como CDF. Mas um lado bom a história tem de ter. Ela foi buscando conhecimentos para entender todas essas passagens da vida, e cada entendimento a fortaleceu para a escrita deste livro. Sim, essa é minha história.

E você? O que ouviu na infância e na adolescência que pode impactar, ainda hoje, sua relação com seu corpo e sua autoimagem? Aí está a grande e real causadora de nossos problemas com autoestima: a autoimagem que sedimentamos em nossa infância. Por isso, é muito importante parar uns minutinhos e viajar no tempo, recordando como as pessoas se referiam a você. O que seu pai, sua mãe, aquela professora, tias, colegas, lhe diziam? Quantas de minha idade foram chamadas de irmã do Faustão ou, o contrário, de Olívia Palito?

Certo dia, atendi uma mulher linda de 64 anos, daquelas que a gente, com metade da idade dela, pensa: *Uau, também quero envelhecer assim.* Mas não é que a questão dela era a autoestima?! Era o que a impedia de aceitar um convite para dar aulas de dança. Gostava tanto de dançar e fazia tantas aulas que estava dançando bem a ponto de ser convidada para tornar-se professora. Mas havia algo que a bloqueava. Não se achava capaz por não se sentir bonita o suficiente. "Queria ser confiante como todas as outras mulheres, mas, se até agora não consegui, acredito que não consiga mais", disse.

Tive com ela a mesma conversa que acabo de ter aqui. Ela viajou até sua infância de menina rica, quando, toda vez que ia sair com a mãe, essa lhe dizia: "Vem aqui, menina, preciso te ajeitar". A mente infantil recebe tudo com muita intensidade. A mensagem que ficou gravada e reverberava até então nessa mulher linda era de que ela nunca estava bonita e apta o suficiente para ser vista em público, que a mãe sempre precisava arrumá-la, fazer ajustes, deixá-la apresentável antes de sair em sua companhia.

BONITA, EU?

Palavras pejorativas tendem a ficar gravadas em nossa memória, mas é possível que também tenham sido direcionadas a você palavras positivas. Aproveite essa oportunidade de se aproximar dessas características. O que de bom diziam sobre você? Tente lembrar se ouviu adjetivos fortalecedores, anote-os e se reconecte com eles, percebendo como também podem ter influenciado a forma como você se vê.

Caso não tenha ouvido nada de positivo, não significa que não tivesse qualidades, mas provavelmente que as pessoas de seu convívio tampouco foram elogiadas e, por isso, reproduziram esse comportamento.

Eu fui criada numa família descendente de italianos, com a herança daqueles que, 150 anos atrás, saíram sem nada de seu país. Entes queridos perderam a vida e foram jogados ao mar na travessia entre continentes. Enganados, achando que encontrariam um oásis, foram recepcionados por uma terra inóspita. Passaram fome e frio e se endividaram, pagando até o fim da vida os lotes que adquiriram. Viveram em meio à escassez e tornaram-se pessoas endurecidas. Quando a necessidade básica é a sobrevivência, não há ambiente de afetuosidade. Um legado de rigor que precisou de gerações para se dissolver, de modo que conviver com a figura amorosa da nona de cabelos branquinhos, risonha e corada é um privilégio nosso. As avós de nossas avós eram diferentes, segundo Loraine Slomp Giron, historiadora, *in memoriam*: [34]

> Elas eram seres ressequidos pelo tempo, pelo sofrimento e pelo trabalho, que pouco falavam e nunca sorriam. Nossas avós imigrantes foram duras como a lenha do pinheiro, que tantas vezes tiveram que partir a golpes de machado. Sempre vestidas de negro, com longas saias, mangas compridas, golas fechadas e os cabelos encobertos por um lenço, pareciam carpideiras prontas a chorar seus mortos. O ar de véspera de velório era usado também nas festas e confraternizações familiares que por certo as desagradavam

---

[34] GIRON, L. S. **Nós, os ítalo-gaúchos**. Porto Alegre: Editora da UFRGS, 1996.

mais que sua rotina diária. Nas festas não falavam... Falar para que, se nunca eram ouvidas? Esquecidas de todos as velhas mulheres esquecidas dialogavam com o silêncio, ruminando o passado. Tenho vaga desconfiança de que Eurípedes deve ter conhecido nossas avós imigrantes ou, pelo menos, similares avós de outras eras. Sem elas, não poderia ter entendido a tragédia.

Protagonistas de muito sofrimento, recolhidas na solidão de seu íntimo, quantos dramas viviam ali, sem poder se libertar de inquietações, dúvidas, medos e desejos reprimidos? Que padrões poderiam transferir como herança a filhas e netas? Independentemente da origem familiar, tenho certeza de que houve muito sofrimento e dificuldades enfrentadas por suas ancestrais e que isso ainda possa, de alguma forma, impactar você. Pense um pouco em tudo o que elas suportaram e veja se é possível relacionar a algum desafio seu.

Em minha família, elogios não eram algo comum, de modo que eu não me lembro de ter sido chamada de bonita nem de princesa. Não ter ouvido esse tipo de elogio me fez acreditar que eu era feia. Foi o que me levou a desabafar na sétima série com a colega popular enquanto prendíamos os cabelos para a aula de educação física. Desejando ser como aquela garota admirada, eu disse: "Para você que é bonita, tudo é mais fácil, né?". Imagine qual foi minha surpresa quando ela, mostrando o espelhinho enquanto me ajudava com o rabo de cavalo, retrucou: "Quem disse que você não é bonita? Olha bem para você!". Fiquei tímida, mas a verdade é que dentro de mim se abriu um largo sorriso. Ela virou a chave de minha autoestima.

Percebi que ninguém havia dito que eu era feia, apesar de ninguém antes dela ter dito que eu era bonita. Isso fez diferença para a garotinha carente de elogios. Somente muitos e muitos anos depois, já adulta e trabalhando o resgate de autoestima, eu me lembrei desse episódio e me dei conta de que o melhor da frase da colega foi o complemento "olha bem para você". O importante não é o que dizem ou deixam de dizer, mas o que você realmente é.

Hoje, como sei que às vezes precisamos de um empurrãozinho, peço que faça o seguinte: diante de um espelho, olhe bem para você! Liberte-se de tudo o que possam ter dito ou não sobre você, pense em si mesma com gentileza e perceba a mulher linda e incrível que você é.

ESCONDENDO QUEM SOMOS

Não é incomum negarmos nossa feminilidade ao tentarmos equivaler tom de voz, postura, vestimentas e comportamentos aos dos homens para termos nosso valor reconhecido. É como se, na busca pela igualdade de direitos e de espaço, a mulher perdesse sua identidade: mesmo buscando algumas características masculinas, ela nunca será igual ao homem; além disso, deixou de ser plenamente mulher ao reprimir características femininas, negando sua natureza.

A ascensão das mulheres a cargos de liderança tem sido acompanhada pelo adiamento ou pela renúncia da maternidade. Estudo da Fundação Getulio Vargas revelou que apenas 18% das mulheres em cargos de liderança no Brasil têm filhos, em contraste com 35% dos homens em posições similares.[35] Maíra, que hoje tem 35 anos, para ser contratada no sonhado cargo de gestora, assumiu na entrevista o compromisso de não engravidar em cinco anos. No fundo, ela declinou do sonho de ser mãe, pois, passado esse prazo, surgiram novas atribuições para manter-se no cargo, além da insegurança por estar acima da idade que ela julgava ser limite para engravidar. Por sua vez, Iva, de 29 anos, concilia carreira e maternidade, mas evita fazer qualquer comentário a respeito dos filhos no trabalho para "não diminuir sua imagem de grande competência profissional".

Um dia, quando ainda trabalhava com assessoria de imprensa, cheguei à cliente para uma reunião. Participariam da conversa os departamentos de marketing e vendas. Como a sala era de vidro, antes mesmo de entrar, reconheci que uma das colaboradoras era uma colega dos tempos de escola e automaticamente sorri. Mesmo que ela sempre tenha sido sorridente e simpática, não foi o que aconteceu naquele dia. Ela estava sisuda, parecendo até brava.

Quando a reunião terminou, os participantes saíram, e eu permaneci na sala por um tempo. Ergui a cabeça e percebi mais alguém no ambiente: agora, sim, era minha antiga colega. Fiquei desconcertada, como se fossem duas pessoas diferentes, a da reunião e aquela que agora se levantava e vinha em minha direção

---

[35] SERRANO, L. Por que menos mães estão chegando a cargos de liderança? **Exame**, 2024. Disponível em: https://exame.com/carreira/por-que-menos-maes-estao-chegando-a-cargos-de-lideranca/. Acesso em: 7 jun. 2024.

com os braços abertos para um afetuoso abraço. Comentei que ela estava séria demais até então, e ela respondeu: "Não sorrio no trabalho para não perder a credibilidade".

Pode parecer exagero, mas situações assim são comuns, de modo que arrisco dizer que todas nós, em algum momento, já disfarçamos nossa essência para nos sentirmos aceitas, pertencentes, competentes e capazes em meio ao patriarcado.

E como isso impacta a autoestima? Toda vez que preciso me valer de artifícios para me sentir capaz ou faço adequações em relação a como eu realmente seria para pertencer a algo, soa o alarme de problemas com a autoestima. Além disso, nessa corrida por resultados, muitas mulheres chegam a colocar o autocuidado na lista de "frescuras femininas" e dormem mal, alimentam-se mal e procuram não "perder" tempo com a aparência, a fim de demonstrarem que o foco delas, assim como o de colegas homens, é o trabalho. A conta chega quando a mulher vê no espelho seu aspecto envelhecido de tão cansada, quilos extras, semblante fechado.

Sabe aquele desconforto que você sente muitas vezes e não sabe nomear? Pode ser o chamado de sua essência feminina para que você volte a ser você mesma, resgate sua natureza e valorize sua beleza. Se você reconhece esse incômodo, fico feliz, porque muitas não tomam consciência e acabam se alienando de si mesmas. O desconforto é o ponto de partida para despertar e voltar a se admirar, se abraçar, se acarinhar, se valorizar exatamente do jeito que você é, sem silenciar qualquer fragmento de sua essência feminina para conquistar qualquer lugar almejado.

O ENFRAQUECIMENTO DA MULHER

Eu poderia dizer que negamos nosso instinto de sobrevivência quando fazemos uma dieta restritiva, mas isso já é sabido. Quero pontuar que negamos nossa essência feminina quando deixamos de comer algum grupo alimentar, como os "temidos" carboidratos, tão necessários para termos energia. Para explicar meu raciocínio, pense comigo: se força e vitalidade integram a essência feminina, precisamos estar bem alimentadas. Mas como confirmaríamos o estereótipo de sexo frágil tendo disposição para todas as atividades? Os meandros sociais patriarcais nos mantiveram aquém dos resultados masculinos – ou tendo que nos desgastar muito mais para atingir o mesmo patamar – ao impedir que nos alimentemos de forma adequada.

Nos anos 1990, década seguinte ao *boom* de mulheres no mercado de trabalho, o padrão de beleza difundido nas passarelas era da magreza extrema. Modelos com olheiras, olhar distante, aspecto adoecido. Uma estética que ficou conhecida como *heroin chic*, em referência à aparência de usuários da droga. Ser assim era *cool*. E, se esse perfil parece ter sido retomado nas passarelas de 2024, deveríamos nos alarmar.

As pessoas estranham ao ver uma mulher com um prato cheio, como se mulher não pudesse sentir fome. Muitas de nós, aliás, envergonham-se ao admitir que sentem fome. Mas todo ser humano saudável sente fome. Você já havia pensado sobre essa problemática?

Considere o tanto de coisas que as mulheres gerenciam: trabalho, casa, filhos, relacionamento, aparência etc. Precisamos de disposição! A vitalidade faz parte de nossa essência, basta lembrarmos a associação à loba. No entanto, usurparam nossa disposição com a imposição de limites até mesmo a respeito do que podemos comer. Assim, desde muito jovens, lidamos com mais um dilema: uma conturbada e nada saudável relação com a comida, incluindo, no mínimo, algum tipo de desconforto ou culpa ao fazer as refeições e, em muitos casos, distúrbios alimentares.

Para ter uma boa autoestima, é imprescindível fazer as pazes com esse ato e comer de forma saudável, nutrindo o corpo, porque ele é o instrumento que nos levará a cada conquista que possamos almejar. Se você identifica questões a resolver em sua relação com a comida, deixe de dar ouvidos a quem faz terrorismo alimentar, apontando alimentos como vilões, pare de fazer a dieta da vez e procure uma nutricionista que lhe dê a orientação necessária para que comer se torne algo natural.

COMPARAÇÕES IRREAIS

Quando estamos em casa, com roupa desleixada, cabelos desgrenhados, cara amassada, deveríamos curtir um merecido e necessário *dolce far niente*. No entanto, é corriqueiro pegarmos o celular e rolarmos incessantemente o feed das redes sociais, onde vemos uma imensidão de momentos que se mostram muito mais interessantes que aquele em que nos encontramos. Um festival de mulheres lindamente produzidas, em eventos badalados, viagens paradisíacas, esbanjando conquistas e premiações profissionais, jantares românticos, bens materiais ou corpos sarados pós-treino sem um fio de cabelo fora do lugar. Em quinze segundos, é possível concluir que até a xícara de café alheia é melhor!

A vida de gente desconhecida parece tão mais encantadora que a nossa, como se um filtro embelezasse tudo... E é isso mesmo! Aliás, no mesmo instante em que você está em seu sofá encantada com as realizações alheias, muito provavelmente outras mulheres se deslumbram com sua vida fantástica. Exatamente, minha leitora, com sua vida fantástica, que elas também veem em seu perfil nas redes sociais.

A realidade, porém, é que todas vivemos a incoerência de comparar seu recorte mais "desinteressante", aquele que jamais postariam, com o registro mais instigante e atraente das outras pessoas. Comparamos nosso "pior" com o melhor de outras mulheres. Não é justo com nós mesmas.

Isso não é de hoje. Antes, as comparações irreais estavam estampadas nas revistas. Modelos e atrizes eram tão retocadas que, tempos depois, muitas delas revelaram querer ser como elas próprias se viam nas capas. Cindy Crawford, modelo ícone de beleza em nível mundial, chegou a ter removida em algumas edições de moda sua conhecida pinta. Pois é. Uma década atrás, poucos sabiam fazer essas edições de imagens. Hoje, basta alguns cliques ou um software de inteligência artificial para alcançar qualquer ajuste ou até mesmo criar uma série de imagens.

Com o olhar acostumado à perfeição, corpos reais são motivos de profunda insatisfação para a maioria das mulheres. Então, sempre que o resquício de um desses corpos normais se desvenda, essa mulher é vista como fracassada. Foi o que aconteceu com a tenista Maria Sharapova. Na capa do caderno de esportes de um dos maiores jornais brasileiros, a foto de uma de suas jogadas foi publicada com a legenda: "Quase perfeita, Maria Sharapova supera a chuva, mas não a celulite, e arrasa rival em Roland Garros". Outros sites do segmento esportivo mencionaram "a maldição da celulite" ou colocaram uma espécie de lupa ampliando a "imperfeição".

Não é de estranhar que o Brasil figure no topo entre os países que mais fazem cirurgias plásticas,[36] que 4 milhões de brasileiros tenham distúrbios de imagem,[37] sendo as mulheres as mais afetadas, e que quase um terço das meninas de 6 a 18 anos tenha distúrbios alimentares, segundo pesquisa da revista médica *Jama Pediatrics* feita com amostragem em dezesseis países.[38]

Imersas nas exigências de um padrão inatingível, aceitamos a cultura de escassez em relação ao nosso corpo, com o sentimento de que nunca somos boas o suficiente, de que nossa aparência nunca está boa o bastante, que sempre haverá algo a ajeitar, endurecer, preencher, lipoaspirar. Antes de acreditarmos que só nascendo de novo para alcançar os padrões, precisamos ter consciência de que a cada década as regras de beleza sofrem alterações, muitas vezes drásticas, e de que nosso corpo não é uma massinha de modelar. Ora o padrão é de magreza extrema, ora é de corpos atléticos e musculosos. Nos anos 1950, os peitos deviam ser arrebitados como os de Marilyn Monroe; nos anos 2000, vivemos a febre das próteses de silicone; agora há quem diga que os pequenos são mais elegantes.

Você pode desejar, mas não precisa de preenchimento labial. Precisamos, sim, preencher nossa autoestima. Hoje, em algum momento depois da leitura, vá até um espelho de corpo todo, encare-se dos pés à cabeça e não se fixe em aspectos que possam lhe desagradar. Olhe o todo magnífico que você é! Diga a si mesma que você tem uma beleza única.

---

[36] GARCIA, M. Mamas, rinoplastia e lipo: Brasil está entre países que mais fazem cirurgias plásticas; veja lista e ranking. **G1**, 2022. Disponível em: https://g1.globo. com/saude/noticia/2022/07/03/mamas-rinoplastia-e-lipo-brasil-esta-entre-paises-que-mais-fazem-cirurgias-plasticas-veja-lista-e-ranking.ghtml. Acesso em: 7 jun. 2024.

[37] BLANES, S. Por que cada vez mais as pessoas não gostam da própria imagem? **Veja**, 2023. Disponível em: https://veja.abril.com.br/saude/por-que-cada-vez-mais-as-pessoas-nao-gostam-da-propria-imagem. Acesso em: 7 de jun. 2024.

[38] ESTUDO global mostra que quase um terço das meninas sofre de transtornos alimentares. **O Sul**, 2023. Disponível em: www.osul.com.br/estudo-global-mostra-que-quase-um-terco-das-meninas-sofre-de-transtornos-alimentares/. Acesso em: 7 jun. 2024.

Se tiver dificuldade, peço que pense em flores. Você já se deu conta de que nenhuma flor é igual a outra, mesmo existindo centenas de milhares de espécies? Se citarmos algumas das mais conhecidas, facilmente chegamos a duas dezenas: rosa, tulipa, lírio, girassol, orquídea, amor-perfeito, camélia, violeta, azaleia, cravo, margarida, hortênsia, jasmim, dália, gérbera, lavanda, begônia, bromélia, astromélia, flor-de-lótus. Você diria que alguma delas não é bonita o bastante? Mulheres são como flores, cada uma tem sua beleza a ser enaltecida.

Aqui, proponho um exercício. Anote a flor que mais lhe atrai, sua preferida.

Indique ao menos cinco características dela.

Pois essas características compõem sua beleza singular. Se você duvida, siga se olhando todos os dias no espelho, dos pés à cabeça, até que enxergue em si a mesma beleza que percebe na flor escolhida. Nós só vemos fora o que temos também em nós, portanto essas cinco características anotadas por você fazem parte de sua essência.

OUSE SER QUEM VOCÊ É

Nossos problemas de autoestima geralmente estão associados a alguma situação embaraçosa que vivemos. Se conseguir pensar em alguns constrangimentos da infância ou da adolescência, perceberá que têm relação com algo em si que você não aceita bem.

Quando enfrentamos essa vergonha, nós nos libertamos, ensina a pesquisadora Brené Brown em seus estudos sobre vulnerabilidade,[39] estimulando que tenhamos coragem para sermos como somos, imperfeitas. Brown identificou

---

[39] BROWN, B. **A coragem de ser imperfeito**. Rio de Janeiro: Sextante, 2016.

doze áreas em que as mulheres ... tem vergonha, que incluem questões como dinheiro e trabalho ou traumas e maternidade – entretanto, o primeiro gatilho em força e universalidade é aparência e imagem. A autora nos inspira a pensar nas grandes realizações que já alcançamos e a percebermos que elas só aconteceram porque entramos na "arena da vida", quando nos movemos sem a certeza de que daria certo.

Considero o começo dos relacionamentos o melhor exemplo acerca da importância e dos ganhos que temos ao aceitarmos nossa vulnerabilidade. Quando nos apaixonamos por alguém, não há garantia de que seremos correspondidas, mas só viveremos um grande amor se nos permitirmos demonstrar nossos sentimentos. No começo de uma amizade, acontece o mesmo.

Lembro meus primeiros dias na faculdade. Eu era de outra cidade, não conhecia ninguém. No intervalo, estava sozinha ao lado de vários grupos interagindo animadamente, nos quais não parecia caber mais alguém. Mas havia uma mesa com uma moça que eu tinha visto no ônibus, que devia ser de minha cidade. Sabe aquele momento de dúvida: vou ou não vou? Ela parecia tão na dela, talvez não quisesse conversar com ninguém, e eu me sentiria tola e rejeitada se a tentativa de aproximação não desse certo. Fui até ela mesmo assim, me apresentei puxando conversa sobre nossa possível localização em comum. Se tivesse insistido em me manter em meu casulo, teria passado o intervalo sozinha e talvez desperdiçado a amizade que construímos.

Pense agora nas pessoas que mais a amam. Como elas a veem na maior parte do tempo? Elas a veem do jeito que você acorda e já a viram furiosa, magoada, desarrumada, inclusive nua de corpo e alma. Essas pessoas a conhecem em sua vulnerabilidade. Não seria incrível se mais pessoas nos amassem com tal facilidade e intensidade? E isso é possível ao nos mostrarmos mais como nós mesmas, espalhando nossa autenticidade no mundo. Ousar ser quem somos, expressando nossa essência feminina, dá frio na barriga, sim, mas é somente assim que nós, nossos projetos, nossas ideias e nossos propósitos conquistam ampla e verdadeira admiração.

Não quero com isso dizer para você sair expondo sua vida ou suas intimidades para toda e qualquer pessoa. Em ambientes que considerar seguros, que sejam minimamente confortáveis, mostre mais seus valores, expresse seus desejos, suas emoções genuínas, compartilhe desafios, dificuldades, algum momento de vergonha que possa ter experimentado. Em minha mentoria, por exemplo, esse ambiente é proporcionado, e cada participante pode dividir comigo e com colegas questões que dificilmente abririam em outras circunstâncias; como resposta, recebem acolhimento, empatia e muitas vezes percebem que seu dilema não é só seu, mas comum a várias mulheres. Aliás, a partir dessas trocas sobre vulnerabilidades, lindas conexões acontecem, e nascem amizades e parcerias para projetos.

Se você deseja dar um primeiro passo no exercício de sua vulnerabilidade, pode enviar um e-mail para historias@marcielescarton.com.br se apresentando e contando alguma passagem marcante de sua vida que tenha lhe causado desconforto e que percebe ser responsável por abalar sua autoestima. Será uma alegria conhecê-la e retribuir a escuta – afinal, você está conhecendo através destas páginas várias passagens de minha vida que por muito tempo não ousei contar para ninguém. Este livro, aliás, é um amplo exercício de expressão de minha vulnerabilidade.

RESSIGNIFIQUE SUA HISTÓRIA

É provável, ainda, que coisas que você tenha ouvido sobre si, na verdade, digam mais de quem falou que de alguma característica sua. Veja meu caso. Minhas tias paternas sempre viveram acima do peso considerado ideal, e, quando viam algum lançamento da moda, diziam: "Isso não é para nós". Acontece que passei grande parte da infância na casa de minha avó paterna, com essas tias por perto. Então, quando elas diziam "nós" referindo-se a elas, eu achava que aquelas afirmações me incluíam. Mesmo que tivéssemos o mesmo biotipo, imagine viver se negando experiências tão simples como uma roupa? Desde que me dei conta disso, passei a experimentar e vestir qualquer peça que eu ache bonita. Qualquer avaliação hoje se baseia no autoconhecimento que adquiri sobre meu corpo, não tem influência de comentários alheios.

Para que você possa resgatar ou fortalecer o amor e a admiração por si mesma e pelo que vê no espelho, convido-a a ressignificar sentenças que possa ter ouvido sobre si mesma e que prejudicaram sua autoimagem. Vamos fazer isso em três etapas: listando, ressignificando e transformando.

Primeiro, liste o nome de pessoas e as mensagens negativas que lhe disseram ao longo da vida. Segundo, com o entendimento de que dispõe agora, perdoe e substitua essas frases por outras, positivas, que de fato tenham a ver com quem você é. Terceiro, transforme: repita para si em três diferentes momentos do dia como essa nova frase é verdadeira.

Vou dar dois exemplos para ajudá-la, sobretudo, na etapa que pode ser mais difícil: a ressignificação. A única regra é que você escreva uma nova frase de modo que possa verbalizá-la a si mesma com convicção. Em geral, é necessário ter paciência e fazer algumas repetições até que a convicção apareça, então não desista.

Exemplo 1: Mulher que foi chamada de magricela.

Ressignificação: *as pessoas possivelmente tinham vontade de ser mais magras como eu. Ser magra muitas vezes é sinônimo de ser saudável. Minha saúde realmente está em dia, não há por que me preocupar com a opinião alheia.*

Transformação: *eu sou magra, sou elegante. Muitas roupas ficam bem em mim. Eu me aceito, me amo, me admiro e agradeço muito pelas características que me tornam única.*

Exemplo 2: Mulher que foi chamada de gorda.

Ressignificação: *hoje percebo que as pessoas tinham problema com sua própria imagem. Eu era apenas uma criança, e todas as crianças são lindas, perfeitas e devem ser respeitadas. A sociedade precisa acolher diferentes biotipos.*

Transformação: *eu sou saudável e tenho um corpo bonito e funcional. Eu me aceito, me amo, me admiro e agradeço muito pelas características que me tornam única.*

Exemplo 3: Mulher que foi chamada de burra.

Ressignificação: *as pessoas não tinham paciência, estavam sempre muito ocupadas. Não fui acompanhada da maneira correta. Há muitos aprendizados além da educação formal.*

Transformação: *sou esforçada, competente e inteligente. Eu me aceito, me amo, me admiro e agradeço muito pelas características que me tornam única.*

Não se deixe levar por comentários levianos. Repita diariamente, até que se aproprie da nova sentença, que esta se transforme em uma nova crença, uma crença fortalecedora de sua autoestima.

Conforme vai repetindo e os dias vão passando, perceba situações que possam reafirmar a nova sentença – um comentário, um elogio, uma foto em que você se achar bonita, uma roupa que lhe caiu bem ou uma conquista profissional. São exemplos. Você saberá o que fará sentido para você.

A autoestima precisa ser exercitada! E este é um exercício muito agradável e recompensador. No começo, vai parecer meio engessado, mas, com o tempo, valorizar a si mesma se torna algo natural. Pratique e comprove.

PASSO 5
PRODUTIVIDADE

9

FAZENDO AS PAZES COM O TEMPO

VOCÊ TEM SERVIDO A SI OU SOMENTE AOS OUTROS?

Ao lhe fazer essa pergunta, preciso retomar a história da mulher que não se sentava à mesa para comer. Tire um tempo e reflita sobre a atitude das mulheres até hoje no momento das refeições. Quem é a última a sentar-se? Quem costuma se levantar para buscar algo ou para lavar a louça? Inconscientemente, continuamos com o compromisso de servir a todos.

A doação, o cuidado com o outro, é algo esperado da mulher; contudo, a receptividade também deve ser cultivada. É imprescindível, para a felicidade, que haja equilíbrio entre doar-se e permitir-se receber. Aceitar ajuda, não negar gestos simples de apoio, dividir responsabilidades, delegar tarefas.

A produtividade feminina tem mais a ver com pausar que com fazer, de modo que, se eu pudesse lhe recomendar um único aspecto para ampliar sua performance, seria: descanse! A mulher se sente culpada por descansar. Isso é cultural. No passado recente, aquela que descansasse minimamente, que não estivesse o tempo inteiro trabalhando, era chamada de preguiçosa. "A gente está sempre na função, não sabe ficar parada", disseram muitas das senhoras que entrevistei.

O descanso é necessário a qualquer ser humano. Só que a mulher faz das tripas coração, condicionada de que vai ter cada vez mais resultado ao seguir o ritmo. O que é um grande erro. É exatamente porque as mulheres estão cada vez mais estafadas, exaustas, sem repousar o suficiente que elas começam a perder produtividade e saúde física e mental. Somos o segundo país do mundo com mais casos de burnout. A doença ocupacional, reconhecida e classificada pela Organização Mundial da Saúde (OMS) em 2022, ocasiona uma verdadeira pane na pessoa, um esgotamento mental que acarreta também sintomas físicos como tonturas e dores de cabeça e pode levar à depressão profunda.[40]

---

[40] JORNAL da USP. Síndrome de burnout acomete 30% dos trabalhadores brasileiros. **Jornal da USP,** 2023. Disponível em: https://jornal.usp.br/radio-usp/sindrome-de -burnout-acomete-30-dos-trabalhadores-brasileiros/. Acesso em: 7 jun. 2024.

Certa vez, ouvi a história de um casal com condições financeiras para dispor dos mais modernos e caros eletrodomésticos, mas que o marido se orgulhava, diante de todos, de a mulher lavar todas as roupas à mão. Mulheres aprenderam que o amor está atrelado à doação, ao servir, e muitas, também, a seu esforço físico. Houve também o caso da mãe de Patrícia, de 27 anos, que estava acamada; a filha contratou uma ajudante para limpar a residência e o pátio, o que desagradou a senhora, que pontuou que, se a amassem de verdade, as filhas lavariam até as calçadas da casa.

De modo geral, as mulheres se sentem incompetentes, pressionadas e humilhadas no trabalho quando não dão conta de metas e resultados propostos. Quando dão conta das exigências profissionais, ficam culpadas de não se dedicarem como gostariam também aos filhos, ao marido e ao lar. Além disso, encontram-se com autoestima devastada porque nunca sobra tempo para cuidarem de si.

Sabemos que as mulheres estão cada vez mais atoladas em tarefas, e eu proponho que você pare e descanse? Sim. Suponho que você esperasse técnicas para uma melhor gestão de seu tempo. Diversos métodos de organização e produtividade estão disponíveis, inclusive gratuitamente, em livros e on-line. Porém, sem esse entendimento sobre pausar, nenhum deles será eficaz, e você continuará correndo descabelada atrás dos ponteiros do relógio. Produtividade tem mais a ver com mentalidade que com uma fórmula. Ainda assim, levantarei alguns pontos para auxiliá-la na direção de uma rotina mais tranquila e eficiente.

Só vamos, antes, alinhar o conceito de produtividade. Ser produtiva não é fazer mais e mais e mais, é obter resultado e satisfação empregando menos tempo e esforço. É avançar na realização pessoal, profissional e financeira de forma equilibrada. É ter mais tempo para ser que para fazer. Uma mulher produtiva está em paz com o tempo, tranquila, leve e feliz, independentemente do que e de quanto está fazendo ou ainda tem a fazer.

TENHA UMA AGENDA E DEIXE UM TEMPO PARA SI

Ter tempo para si é fundamental. Sem exceções, os primeiros compromissos a serem marcados em sua agenda diária e semanal são sono, alimentação e movimento. Todo equilíbrio e produtividade que lhe falta é uma reação em cadeia da desconsideração, da subestimação ou da negligência em relação a esses três aspectos.

Muitas mulheres correm atrás do sucesso para enfim terem boas noites de sono, uma alimentação mais saudável e tempo para praticar atividades físicas ou fazer coisas que lhe proporcionem bem-estar. Mas a lógica deveria ser inversa: só alcançamos o sucesso e a realização quando temos esse trio em dia.

Precisamos de energia, vitalidade e disposição para produzir com eficiência. Nosso corpo é nosso veículo, necessita estar nutrido e calibrado para tudo o que desejarmos fazer. E nossa mente é como o motor: tem de estar em perfeitas condições, para que cheguemos ao destino desejado. Sem sono adequado, ações e decisões são menos efetivas e até lentas. Sem alimentos nutritivos, o corpo fica ou pesado ou fraco; sem movimento, travamos.

Também precisamos de pausas diárias enquanto estamos acordadas. Isso mesmo, todos os dias, porque muitas de nós vivemos de verdade apenas alguns dias por ano, nas férias. Você precisa tomar a decisão de relaxar diariamente. Pense em algo que seja revigorante para você e se comprometa a fazer essa atividade durante ao menos sete minutos todos os dias. Coloque na agenda. Se não consegue se empoderar de menos de dez minutos do dia, não tem como continuarmos a conversa sobre produtividade.

Para relaxar, vou _____ diariamente, à(s) _____ hora(s), neste local: _____ Esse é um tempo valioso que escolho, e não abrirei mão de dedicá-lo a mim.

Pode ser uma leitura, uma meditação, tomar um chá, ver o pôr do sol, fazer alongamento, espreguiçar-se, uma automassagem, ficar em silêncio, escrever pensamentos ou agradecimentos. Pode ser qualquer coisa que proporcione um momento exclusivo consigo mesma – então, televisão e celular não valem. Determine isso como uma tarefa; depois, com a mudança de mentalidade sobre produtividade e organização incentivada aqui, o objetivo é que você amplie momentos em que simplesmente desfrute da vida sem qualquer exigência ou compromisso.

Reservar um tempo para fazer algo simplesmente porque deseja, porque gosta, porque lhe faz bem. Tempo para não fazer nada. É preciso tempo para sentir, para sorver a vida, que é preciosa demais para ser apenas um emaranhado de tarefas.

TENHA UM PROPÓSITO E COLOQUE-O NA AGENDA

Quando me mudei para minha casa própria, passei três anos em meio a caixas de materiais, papéis e livros jogados em um cômodo, trabalhando em um ambiente confuso. Minha intuição, mesmo que eu não me desse conta, soprava-me que eu não continuaria na área de assessoria de imprensa, e isso me fazia procrastinar a arrumação de um espaço adequado, prático e objetivo para meu trabalho. Quando defini meu propósito de mentorear mulheres, o caminho se abriu, e em menos de trinta dias me livrei de papeladas que não faziam mais sentido, projetei e comprei móveis e objetos de decoração e criei um espaço de atendimento com a essência do caminho escolhido: feminino e aconchegante.

Com propósito, gera-se o impulso de priorizar ações para avançar rumo à plena realização dele. Foi a partir da definição de propósito que mulheres que me procuraram, de uma hora para outra, saíram da inércia. Foi assim que presenciei viradas de chave emocionais e profissionais, abertura de negócios, encerramento de ciclos que não estavam mais alinhados com suas essências etc. Vi crescimento profissional, relacionamentos melhorarem, mulheres abrirem espaço na vida para fazer o que amam, ficar mais com quem amam e amarem a si próprias. Questões procrastinadas havia muito destrinchando-se a partir da definição de um intento.

Eu sei que costuma ser complexo e que muitas mulheres permanecem paralisadas porque ainda não "descobriram" seu propósito. Mas não deveria ser assim, porque ele é como a clareza. Não adianta esperar a certeza de um propósito absoluto. Tenha um ponto de partida, alinhado com seus valores, e ele vai se tornar mais nítido a cada trecho da caminhada. Se ainda assim não conseguir determinar neste momento um propósito para si, indico aqui um que toda mulher deve definir para si, antes e independentemente do propósito ao qual costumamos vincular nossa atividade profissional ou outra de nossas ocupações. O propósito de viver com leveza independentemente da situação em que se encontra! Comece por colocar na agenda semanal ações que a farão avançar nessa direção, como as abordadas no tópico anterior: sono, alimentação, movimento e relaxamento.

NÃO SUPERESTIME O QUE HUMANAMENTE CABE NUM INTERVALO DE TEMPO

A lista de tarefas de uma mulher é aquele rolinho de papel de desenho animado que, ao cair no chão, vemos que tem metros. "Não consigo dar conta de minhas prioridades", queixa-se a maioria delas. O problema é a incoerência desse plural. "Prioridade" é aquilo que vem em primeiro lugar – então, semanticamente, não seria possível mais de um elemento ocupar esse posto.

Já falamos sobre qual deveria ser sua prioridade: seu bem-estar. "Mas eu preciso trabalhar para sobreviver, ou não terei teto nem comida". Vi muitas ficarem na defensiva dessa forma. Peço que quem tem esse pensamento não me leve a mal – afinal, se está lendo este livro, sabe que deve agir sem vitimismo e reconhece que tem condições, por conta própria, de fazer ajustes na rotina que lhe permitam melhorar sono, alimentação e movimento, conciliando com as horas que dedica ao ganha-pão. Limite o tempo de celular à noite e durma uma hora a mais. Prefira comida caseira, ande mais a pé.

Feito isso, outro ponto relevante é a organização de uma agenda semanal possível de cumprir. A agenda ideal é aquela que você cumpre sem se exaurir. Não adianta ir para a academia todos os dias e se arrastar no trabalho. Talvez treinar três vezes na semana seja perfeito para você manter seu corpo em movimento e, ao mesmo tempo, ter energia para outras atividades também importantes para si. Se até o momento você não conseguiu focar a atividade física, a leitura e a meditação, muito provavelmente não vai conseguir treinar todos os dias durante uma hora, ler durante outra e reservar uma terceira para meditar. Mais provável que mantenha a consistência se ler durante quinze minutos todos os dias e meditar durante cinco. No trabalho, será frustrante se continuar a estipular dez tarefas, sendo que apenas três são realmente possíveis de serem concluídas por dia. Dei apenas alguns exemplos. O que vale para todas nós é que quaisquer tarefas que você deseja incluir na rotina precisam ser metrificadas, para que tenha o discernimento de quantas cabem em cada um dos dias. Tanto seu tempo quanto sua energia são limitados. E, mesmo que sua energia esteja tinindo porque você equilibrou sono, alimentação e movimento, ainda assim ela é finita.

132 O grande poder

COMECE A DIZER ALGUNS "NÃOS"

Nosso lado feminino perfeccionista sempre quer cumprir com tudo o que nos é delegado, mas não deveria ser assim. Ou seja, conforme as demandas chegam a você, sua tendência é absorver uma a uma, mas seria melhor você já ter determinado aquelas condizentes com suas metas e seu propósito e declinar as demais.

A mulher só se apodera de sua potência para a realização quando sabe exatamente aquilo que é importante para ela e para seus objetivos e descarta tudo o que não é. Para que isso aconteça, inevitavelmente, é preciso dizer "nãos". "A gente aprendeu a dizer 'sim' para tudo", destaca Bernardete, hoje com 61 anos, ao revelar que, se fosse mais nova, a mudança de comportamento mais relevante seria dizer "nãos". E você? Já parou para pensar em quantas vezes diz "sim" quando na verdade gostaria de dizer o contrário?

Quantas vezes prometeu a si mesma seguir uma dieta, mas acabou num rodízio de pizza com alguma amiga apenas para não declinar do convite? Lembra aquela data em que tinha um jantar com o marido, mas precisou ir para um evento de trabalho que foi marcado de última hora? Com que frequência falta ao treino para atender a alguém da família lhe pedindo um auxílio que "não pode esperar", mas nem de longe é emergencial? Ou vai a almoço com familiares com quem não tem afinidade? Provavelmente não raras vezes deixou de investir naquele curso ou naquela mentoria que tanto queria porque "precisava" renovar peças do guarda-roupa e não destoar das mulheres do ambiente que frequenta. Quantas vezes numa festa, mesmo que nem goste tanto assim, aceitou cerveja porque todo mundo estava bebendo? Ou furou seu plano de economizar dinheiro e investiu porque a influenciadora divulgou um produto de beleza que você nem sabia que existia? Perceba, ainda, a quantidade de itens que nós compramos hoje, itens de que nem precisamos, mas que nos foram ofertados por anúncios na internet. E quando lhe dão duas opções, mesmo que deseje muito uma delas, será que você não tem respondido "o que você preferir"?

Quais desses ou outros "sins" você está dizendo automaticamente?

Passo 5 - Produtividade

SIMPLIFIQUE PARA TOMAR MELHORES DECISÕES

Nosso cérebro toma milhares de microdecisões durante o dia, mas é como se, ao longo das horas, a bateria para fazer isso com consciência diminuísse, aponta a neurociência.[41] Seguindo a mesma lógica, algo que nem precisa de estudo para observarmos é que as mulheres tomam ainda mais dessas pequenas decisões que os homens, já que o gerenciamento e a maioria das tarefas executivas relacionadas ao lar e aos filhos ficam sob responsabilidade delas, além das próprias resoluções profissionais. Também há todas as cobranças com o corpo e a imagem que lhes tomam tempo.

Em todos os âmbitos da vida, escolha sempre qualidade, não quantidade. Livre-se de tudo o que apenas faz volume ou peso, ocasiona distração ou confusão, entulhando sua vida, sem ter utilidade ou convergência com seus valores e seus objetivos. Todas as coisas que possuímos ocupam espaço físico e mental, além de tempo, em nossa vida. Se deseja uma rotina equilibrada e leve, sua casa, sua mesa de trabalho, tem de estar organizadas. Reduza seus itens pessoais àqueles que você ama e realmente usa. Se tiver apenas peças de roupa que lhe caem perfeitamente bem, com as quais se sinta confortável e segura, não ficará em dúvida nem perderá tempo escolhendo o que vestir. Eleja um único e bom xampu para seu cabelo e tenha um único produto para cada função de skincare, assim não queimará dinheiro e sua valiosa qualidade de decisão em meio a uma pilha de embalagens de cosméticos. Se tiver somente utensílios domésticos de fato úteis, não empregará tempo e a preciosa capacidade de resolução de seu cérebro limpando e organizando objetos que nem usa.

Organize também suas emoções e suas relações. Se conviver apenas com pessoas que agreguem, não perderá energia com conversas ou debates irrelevantes ou nada construtivos. Se não discernir o que é relevante, logo estará perdida

---

[41] ROASIO, J. Por que fica cada vez mais difícil tomar boas decisões com o passar do dia. **Uol**, 2020. Disponível em: www.uol.com.br/vivabem/noticias/redacao/2020/12/11/por-que-ao-longo-do-dia-fica-cada-vez-mais-dificil-tomar-boas-decisoes.htm. Acesso em: 7 jun. 2024.

em um universo gigantesco de notícias e publicações, e distante daquelas que podem fazer real diferença para sua realização.

Além disso, tudo o que planejar com antecedência a leva a economizar em decisões no dia a dia. Melhor parar trinta minutos para definir o cardápio da semana que decidir cada uma das refeições todos os dias. Ter combinações de roupas testadas e organizadas, que você já sabe que vão funcionar para determinados compromissos. Dormir já tendo definido qual será a primeira atividade do dia seguinte – e ainda melhor se tiver o roteiro completo do dia para seguir sem ter de decidir a todo momento a próxima tarefa. Pense no que mais você pode antecipar para facilitar sua rotina e programe-se. Claro que, no começo, parece trabalhoso e demanda um tempo que hoje você acredita não ter, mas, aos poucos, escolhendo uma coisa por vez para organizar, você vai evoluindo, abrindo espaços e, assim, conseguirá manter o fluxo.

Respire e aos poucos vá simplificando tudo o que puder. Diminuindo a quantidade de pequenas decisões diárias, você reserva sua bateria para grandes e mais importantes decisões que precisar tomar.

UMA COISA DE CADA VEZ

Dizer que as mulheres são hábeis em fazer mais de uma coisa por vez e que homens não conseguem nem responder a uma pergunta simples enquanto calçam os sapatos, para mim, é um elogio disfarçado de estratégia para obterem mais de nós... Será que somos mesmo multitarefas ou é interessante e confortável para os outros que aceitemos mais trabalho?

Pesquisas recentes[42] mostram que o estereótipo multitarefa da mulher é uma crença popular, comprovando que ninguém é bom em fazer diversas coisas ao mesmo tempo, que exigiria mais energia de qualquer pessoa do que fazê-las

------

[42] INGRID, L. Homens e mulheres são igualmente ruins na hora de fazer várias coisas ao mesmo tempo. **Superinteressante**, 2019. Disponível em: https://super. abril.com.br/ciencia/mulheres-e-homens-sao-igualmente-ruins-na-hora-de-fazer-varias-coisas-ao-mesmo-tempo. Acesso em: 7 jun. 2024.

de modo separado. Quando pensamos dar conta de várias coisas ao mesmo tempo, na verdade o que ocorre é uma alternância de foco de uma para outra em uma velocidade absurda, dando a impressão de que são simultâneas. Isso sobrecarrega nossos recursos cognitivos e diminui o desempenho.

AJUSTANDO OS PONTEIROS AGORA

De todos estes pontos sobre produtividade, assinale o mais importante neste momento.

- O Colocar o sono na agenda, determinando horário fixo para dormir e acordar.
- O Colocar a alimentação na agenda diária, definindo pausas e realmente parando para fazer todas as refeições.
- O Estipular horários para a atividade física.
- O Definir e cumprir ações na direção do propósito de ter uma rotina leve e tranquila.
- O Listar tarefas diárias e uma programação semanal realmente possíveis de cumprir sem se estafar.
- O Sossegar a inquieta que habita em você.
- O Dizer "nãos".
- O Fazer uma coisa de cada vez.

Qual é a pequena ação que você pode e vai se comprometer a realizar para amenizar essa questão ainda hoje ou, no máximo, a partir de amanhã?

SEMPRE OCUPADA? PRESTE ATENÇÃO NESSE COMPORTAMENTO

No começo de minha carreira como jornalista, trabalhei em rádio, entrevistando anunciantes. Numa época em que as redes sociais ainda não tinham se popularizado, um perfil sobre o empresário era a contrapartida máxima no investimento. Um espaço que todos almejavam, e muitos profissionais compravam a cota publicitária justamente para figurarem nessa entrevista.

Na época, teve uma empresária que não consegui entrevistar. Estava sempre ocupada. Quando liguei em dias ensolarados, pediu-me para retornar num dia chuvoso, pois ela teria menos coisas para fazer na rua. Quando liguei nos chuvosos, pediu para retornar nos ensolarados, quando não teria tanta coisa para fazer no escritório. Tão atarefada, não tinha tempo para aproveitar o motivo que a levara a investir.

Naquela época, pensei que o dia em que estivesse com agenda lotada como a dela, eu teria alcançado o sucesso. Hoje sei que estar sempre ocupada, sem tempo para tarefas de realização que contribuam com meus objetivos e me propiciem equilíbrio não significa que sou produtiva, muito menos representa meu sucesso. Muito pelo contrário. Pode indicar outro comportamento sabotador: a inquieta,[43] característica que mantém a mulher distante da verdadeira realização e que impacta nossa performance.

Sabe aquela pessoa que está sempre executando muitos planos, mas nunca os conclui? A amiga inquieta que salta de uma tarefa para outra, tem muita iniciativa, mas acaba deixando muita

---

[43] CHAMINE, S. *op. cit.*

coisa inacabada? Sempre em busca de uma próxima coisa mais interessante, parece ter uma vida animada, empolgante. Agitada, é também impaciente, pensa "por que ninguém consegue me acompanhar?". Teme perder algo a cada momento. Raramente fica em paz ou satisfeita e acaba até criando um ambiente caótico para quem convive com ela – o que, inclusive, torna difícil construir relações perenes. Em geral foge de sentimentos como ansiedade e dores, que ficarão evidentes se parar um pouco. Não quer encarar coisas necessárias, mas que podem ser desagradáveis. E não é que não tenha tempo... O que ela não tem é foco nas coisas que realmente importam.

Como qualquer outro comportamento sabotador, esse se enfraquece à medida que tomamos consciência dele. Se você considera que procrastina, observe-se nos próximos dias e perceba se identifica um comportamento inquieto e em qual intensidade. Tendo essa consciência, faça pequenos movimentos na direção contrária, tentando permanecer no presente, focando tarefas e projetos já iniciados. Comece pelas pequenas tarefas, exercitando concluí-las. Por exemplo: se começou a lavar a louça, não olhe o celular até terminar o último prato. Programe alarmes para intervalos e não tome um cafezinho nesse meio-tempo. Esse treino de foco e persistência vai reverberar em projetos maiores que você crie.

A PRESTATIVA QUE TE SABOTA

Quando meu filho entrou na escola, conheci uma garotinha que já ia para a aula de transporte escolar. Estive durante três minutos com ela, e foi o suficiente para eu enxergar nela muitas de nós. Logo que entrei para acomodar meu filho, ela se pôs a ajudar.

— Pode deixar que eu me sento aqui e vou conversando, para ele se distrair.

— Muito obrigada, como é seu nome?

Ela disse e já emendou:

— Eu o ajudo a descer e o levo até a sala, pode deixar que também carrego a mochila se ele quiser. E fico sentadinha fazendo companhia até ele se acalmar.

— Obrigada, você é muito gentil. Viu, filho, que amiguinha mais querida?

E ela continuou falando do tanto que ajudava os coleguinhas. De um jeito ou de outro, ela sempre ajudava! E dava para ver o orgulho que sentia disso.

A prestatividade é mesmo uma característica cativante e pode até ser um diferencial na vida dessa menina, ou na nossa. Mas é preciso ter cuidado, porque essa qualidade pode se tornar uma grande vilã.

Senti vontade de abraçar a pequenina, que era só um pouco maior que meu filho, e dizer quanto ela é linda, querida e maravilhosa mesmo que não ajudasse a mim, nem a meu filho, nem a ninguém. Que ela tem valor independentemente do que faça ou deixe de fazer pelos outros.

A prestativa[44] é um dos comportamentos sabotadores mais vistos nas mulheres, porque é um comportamento incentivado, venerado e exigido inclusive em meninas bem novas. A criança acaba se condicionando e acredita que, para ser aceita, vista, valorizada, ela precisa ajudar. Aprende suposições como "devo colocar as necessidades dos outros à frente das minhas" ou "preciso dar amor e carinho para poder receber isso em troca".

---

[44] CHAMINE, S. *op. cit.*

Passo 5 - Produtividade **139**

E foi assim que muitas de nós crescemos acreditando que, para ser uma boa pessoa, devemos colocar as necessidades dos outros à frente das nossas. Na escola, sentíamos orgulho de sermos escolhidas como ajudante da professora. Tinha até um cartaz todo enfeitado com o nome do ajudante da vez na parede. Para a criança, nesse dia ela é importante, mas nos demais nem tanto. Exagero? Para a mente da criança, não. A criança tende a amplificar todas as situações vividas.

Sim, colaborar com os outros é algo necessário para o desenvolvimento do ser humano, mas deve ser feito com atenção. Os anos passam, nosso discernimento amadurece, mas os sabotadores já foram calcificados e permanecem no inconsciente. Então, quando adultas, nos vem a dificuldade de dizer "não". Nosso foco excessivo no outro. Nossa preocupação em agradar. Em achar que é egoísmo expressar nossas próprias necessidades. E paramos tudo o que estamos fazendo para ajudar os outros... Essas parecem atitudes nobres – e são, desde que numa dosagem que não nos prejudique e nos anule. Em casos extremos, a prestativa chega a colocar em risco as próprias necessidades emocionais, físicas ou financeiras.

E é assim, sempre a postos, pau para toda obra, que muitas vezes ficamos ressentidas, afinal "eu ajudo, colaboro, me doo tanto... Só que não recebo na mesma medida".

Claro que eu não disse nada para a garotinha do ônibus além de agradecer. Mas estou dizendo para você, para que observe esse comportamento em si mesma e nas meninas que conhece. Cuide para não condicionar seu valor – e o delas – ao que vocês doam, fazem, dedicam aos outros.

Você tem valor simplesmente por existir, por ser quem é, única. Não deve haver condição para ser amada, respeitada, valorizada.

SER PRODUTIVA NÃO É FAZER MAIS E MAIS E MAIS, É OBTER RESULTADO E SATISFAÇÃO EMPREGANDO MENOS TEMPO E ESFORÇO.

@MARCIELESCARTON

O GRANDE PODER

PASSO 6
EQUILÍBRIO

10

ELE ESTÁ EM SUA ESSÊNCIA

Você deseja uma vida mais leve e equilibrada, com resultados satisfatórios em todos os papéis que desempenha como mulher, certo? Temos de pensar, então, na crença enraizada em nós, a da escassez, que faz ressoar em nossa mente que não é possível ter tudo. Que, para ter uma coisa, é preciso abrir mão de outra. Para ser uma profissional de sucesso, não conseguirá ser uma boa mãe. Para ser uma mãe boa o bastante, vai prejudicar sua carreira. Para conciliar carreira e maternidade, vai se deixar de lado como mulher. Desse modo, a maioria das mulheres fica com a sensação de que o equilíbrio é uma utopia.

Eu não aceito que seja assim, mas entendo a perspectiva, justamente porque sei que a equação do equilíbrio não é óbvia. A mulher que se sente em desequilíbrio, incapaz de conciliar todos os seus papéis e manter sua saúde mental está compreensivelmente fazendo o cálculo errado, como se todos os pesos ou todas as medidas fossem iguais. Nas diferentes áreas da vida, no entanto, tão mais amplas e subjetivas, a mesma definição não se aplica. Equilíbrio não é dedicar sempre o mesmo tempo e a mesma quantidade de energia a cada papel que você desempenha. É, sim, aceitar que, inevitavelmente, você terá períodos de mais dedicação em um papel e menos em outro. E que nessa alternância só há duas regras:

1. Em nenhum momento negligenciar papel algum, embora sempre um deles tenda a receber mais de nós.
2. Procurar manter atenção plena na função que está priorizando, sem culpa pelas demais.

Onde estiver, esteja por inteiro. Equilíbrio é questão de organizar ciclos de maior e menor intensidade para cada um dos papéis que desempenhamos. Embora saibamos que costumamos acumular papéis, vamos considerar que a mulher desempenhe em geral quatro deles: humano, profissional, social e íntimo, sendo os dois últimos definidos pela necessidade natural de nos relacionarmos com familiares, amigos e amores. Estar em equilíbrio não significa sempre dedicar 25% de seu tempo e sua energia a cada um desses âmbitos. Muito provavelmente, em alguns ciclos a carreira vai exigir metade ou mais – e está tudo bem, desde que se entenda qual é o mínimo necessário para atender aos demais sem os deixar ao léu. Em outro momento, será a vez de priorizar o autocuidado, o fortalecimento de si; depois, o relacionamento. Se escolher maternar, dedicação que tende a ser 100%, isso é um erro e acaba impactando na autoestima feminina. Quanto mais consciente for o mergulho nas funções ao longo da vida, mais natural torna-se a dança.

EXERCÍCIO: RECONHECER OS PAPÉIS

É fundamental listar todos os papéis que desempenha e perceber quanto, em percentual, você se dedica a cada um deles, além de qual é o nível de satisfação, de 1 a 5, de retorno. Elenco a seguir papéis comuns às mulheres. A lista é individual, o que quer dizer que você deve pontuar apenas aqueles que exerce e deve acrescentar caso reconheça em si algum que não tenha sido indicado.

Mulher consigo mesma (aqui vale saúde física, saúde mental, aparência, autoconhecimento e evolução pessoal, autocuidado, lazer, hobbies, espiritualidade)
Percentual de dedicação atual:
Nível de satisfação: 😞 1   2   3   4   5 😊

Profissional
Percentual de dedicação atual:
Nível de satisfação: 😞 1   2   3   4   5 😊

Esposa/namorada/companheira
Percentual de dedicação atual:
Nível de satisfação: 😞 1   2   3   4   5 😊

Mãe
Percentual de dedicação atual:
Nível de satisfação: 😞 1   2   3   4   5 😊

Dona de casa
Percentual de dedicação atual:
Nível de satisfação: 😞 1   2   3   4   5 😊

Estudante

Percentual de dedicação atual:

Nível de satisfação: ☹ 1   2   3   4   5 ☺

Filha

Percentual de dedicação atual:

Nível de satisfação: ☹ 1   2   3   4   5 ☺

Amiga

Percentual de dedicação atual:

Nível de satisfação: ☹ 1   2   3   4   5 ☺

Voluntária

Percentual de dedicação atual:

Nível de satisfação: ☹ 1   2   3   4   5 ☺

Escreva suas descobertas ao fazer o exercício.

Já estava claro para você como divide seu tempo? Ou teve alguma nova percepção?

Percebeu algum papel com dedicação excessiva durante período demasiadamente longo ou, quem sabe, em boa parte da vida?

Algum papel tem sido negligenciado?

Teve algum papel com alta dedicação e baixa satisfação? Ou com baixa dedicação e alta satisfação?

Após todas essas reflexões, você identifica um papel que, no momento, demande mais atenção para aumentar o equilíbrio em sua vida?

Repita esse exercício todas as vezes que sentir a vida em desequilíbrio.

CUIDADO COM A HIPER-REALIZADORA

Quando fiz esse mapeamento de papéis pela primeira vez, eu me descobri workaholic e percebi que estava negligenciando meu relacionamento afetivo e meu próprio ser em detrimento do trabalho. Além disso, me dei conta de que, no trabalho, a satisfação que eu tinha era ínfima, inversamente proporcional à dedicação que eu despendia, enquanto no relacionamento eu recebia muito mais do que dava. Sim, eu era hiper-realizadora. Esse comportamento sabotador é facilmente enaltecido porque confere conquistas, ainda mais no âmbito profissional.

Nesse padrão de sabotagem,[45] a autoaceitação é continuamente condicionada ao próximo sucesso. A hiper-realizadora relaciona seu valor a desempenhos e realizações somados. Pode ter tido uma vida de êxito, mas, no momento em que ocorre um pequeno mau resultado, sente o fracasso como se ele anulasse toda a trajetória. Pouco ou nada comemora as vitórias, porque, assim que conquista algo, já parte para uma nova realização. Exala confiança, mas a verdade é que, para validar seu sucesso externo, disfarça muito as inseguranças. Esse modo de viver a leva a tendências insustentáveis de vício, como por exemplo em trabalho.

Hoje sei que poderia ter conquistado tudo o que conquistei sem o peso, as cobranças e a ansiedade que esse comportamento me gerou. Sem essa autossabotagem, o percurso todo teria sido mais leve, feliz e gratificante. Ao tomar consciência e reconhecer esse padrão em mim, pude minimizar sua influência negativa, fazendo o ajuste mais importante em minha forma de transcorrer a vida e passando a desfrutar do tão sonhado equilíbrio.

É também por conhecer no íntimo essa forma hiper-realizadora que fica ainda mais fácil reconhecê-la toda vez que a vejo diante de mim. Alice, hoje com 32 anos, tinha objetivos audaciosos: queria tocar um grande empreendimento. Mas havia algo nela que chamava

---

[45] CHAMINE, S. *op. cit.*

ainda mais atenção que sua perspicácia: as manchas em seus antebraços. Percebendo que notei, resumiu: "É vitiligo, seria necessário tratar, mas agora não tenho tempo. Eu precisaria retomar o tratamento, sei que as manchas pioram com a vida muito agitada, sob muito estresse. Mas não tenho como tirar um turno de folga para ir à médica".

Naquela sessão, eu lhe disse que era incoerente continuarmos o processo que visava a auxiliá-la na conquista de seus objetivos materiais sem que ela cuidasse de sua saúde. Se ela tinha tempo de conversar comigo, tinha tempo de ir à consulta médica. Precisei conduzi-la ao entendimento de que uma pessoa sob a carga de estresse e cobranças que ela estava tolerando poderia ser afetada por uma doença ainda mais grave e impeditiva e que, de dentro de um hospital, adoecida e debilitada, não seria possível realizar o grandioso negócio que almejava.

Na semana seguinte, ela retornou contando-me uma vitória diferente e que de início não estava na rota de ações estabelecida para atingir seu objetivo: dois dias após nosso encontro, tirou a tarde de folga, foi à médica e retomou o tratamento. Além disso, obteve o maior e mais importante resultado que precisava: cuidar de si – afinal, ela era o veículo para tudo que ainda almejava conquistar.

A DANÇA DAS DEUSAS

Na composição da felicidade feminina encontram-se trabalho, liberdade, cuidar de si e dos outros, poder, amor e espiritualidade. Cada mulher possui uma essência e se identifica mais com alguns e menos com outros desses pontos. Porém, quando nutre intencionalmente todos os aspectos, tende a ganhar em termos de realização, satisfação, felicidade, bem-estar e plenitude. Quanto mais equilibrar a balança, mais apoderada estará de sua força feminina.

Talvez você já tenha pensado que alguns papéis parecem ter mais importância para você que para outras. É verdade. Há um estudo que explica por que isso acontece, nos dando uma dinâmica muito eficiente para o entendimento de nós mesmas. Vamos voltar a falar de arquétipos, mas agora para trabalhar um dos conceitos que considero mais importantes: a teoria da deusa interior.[46] Trata-se de um conhecimento crucial para a mulher dar o sexto passo, que é o equilíbrio, na direção de obter sua realização plena. Por isso, vou condensá-lo, a fim de auxiliá-la a perceber seus arquétipos femininos predominantes, a quais deusas você se assemelha.

Prepare-se. Com essa abordagem, você vai acolher seu perfil de comportamento como mulher, vai tornar-se mais empática com outras mulheres que possuem perfis de comportamento diferentes e, sobretudo, vai encaixar as peças que faltavam para o entendimento de si mesma.

A FRAGMENTAÇÃO DAS MULHERES

Talvez você já tenha ouvido a expressão o "retorno da deusa", quando se fala da reconexão da mulher com sua essência feminina. Significa nos apropriarmos de tudo o que somos, conjunto que reúne intelecto, vitalidade física, amor, beleza, poder, capacidade de criar, de cuidar, de nutrir, tal como éramos representadas em antigas civilizações, quando havia a figura soberana de uma grande deusa. Isis, no Egito; Gaia, na Grécia; Inana, na Babilônia; Astarte, em Canaã – figura que detinha todos os poderes, que era a rainha dos céus e da morte, a protetora, a doadora de sabedoria, senhora das plantas, a mãe de tudo, a deusa do amor, a potência em uma imagem superior feminina, a grande mãe.

À medida que a cultura patriarcal se instaurou, essa representação da soberania feminina passou a destoar dos interesses que regeriam a sociedade. Assim, a grande deusa foi fragmentada, enfraquecida.

---

[46] WOOLGER, J. B.; WOOLGER, R. J. **A deusa interior**: um guia sobre os eternos mitos femininos que moldam nossas vidas. São Paulo: Cultrix, 2007.

Com a herança desses modelos gravados no inconsciente coletivo da humanidade, quando a maternidade toma conta de sua vida, aflorando seu lado Deméter, a mulher é impelida a desconectar-se do cenário profissional (alçada de Atena) e tende a suprimir sua sensualidade (típica de Afrodite). Muitas vezes, a mulher acaba não sabendo lidar direito com a necessidade de conexão com o outro, com sua Afrodite, e recebe o estereótipo de leviana e imoral. Outras vezes, ela se sente uma estranha no ninho quando sua intuição e sua espiritualidade (poderes de Perséfone) vêm à tona, e se reprime diante dos rótulos de mística, de bruxa. Pode ser, ainda, que desenvolva aversão à maternidade, ao viver completamente no modo mental (Atena) ou almejar intensamente a liberdade (Ártemis) e aventurar-se na natureza ou dedicar-se ao esporte. Quando sua Hera desperta e percebe seu poder restrito ao lar, torna-se amargurada e controladora em relação ao cônjuge e aos filhos.

Aqui, você começa a perceber por que, muitas vezes, a psique feminina parece, até para nós mesmas, tão complexa. Porque temos aceitado ser fragmentos de uma fortaleza. Tenha certeza de que toda a inquietude que há em mim e em você são os outros pedaços, as demais deusas, clamando por espaço e vasão.

VAMOS JUNTAR NOSSAS PARTES

A dança das deusas acontece a todo momento em nossa vida. Até mesmo num único dia, há demandas que exigem os poderes (ou características) de cada uma das deusas. Se conseguir abrir espaço para todas elas ao longo do dia, da semana, dos meses, dos anos, quanto mais permitir a dança das deusas na vida, mais vivenciará o equilíbrio. Veja a seguir a essência de cada deusa[47] e facilmente vai associar a cada um dos papéis que listou no exercício anterior e muito provavelmente sentirá mais afinidade com uma ou duas delas e mais distanciamento com as outras.

---

[47] Além do livro *A deusa interior*, já citado, as descrições das deusas baseiam-se na compilação que fiz no curso: MUNGAI, L. **Sou mulher**: aprofunde seu estudo sobre as deusas. Brasil, Moporã, 2017.

Atena guia aspectos da carreira e da vida profissional, por isso a vemos bastante nas corporações. Vinculada ao intelecto, ao mental, ao raciocínio lógico, identifica-se com a tecnologia e a ciência. Muito visível também nos movimentos políticos e sociais. Urbana. Prática. Extrovertida. A personificação da independência e da autonomia. Corajosa, forte e justiceira. É a mulher guerreira, aquela que a gente identifica pela armadura. No íntimo, contudo, tem-se algumas feridas, a fragilidade emocional, a desconexão com o corpo físico e sua sexualidade, além da pressão para se casar e ter filhos. Atena foi a menina rebelde da família. Tem na área profissional sua prioridade, é lá que busca sucesso e reconhecimento. No relacionamento íntimo com homens, necessita de parceria intelectual. Na maternidade, estimula a educação intelectual dos filhos.

Ártemis é a mulher da Terra. Seu hábitat é a natureza, portanto ela tem proximidade com os animais, com a caça e com tudo o que é instintivo. Atlética, conta com bastante energia vital e física. Indomada, personifica a independência e a autonomia. Autossuficiente em termos emocionais, vive bem na solitude. Aventureira, sua ferida está na desconexão do modelo feminino e da sociedade tradicionais; além disso, sofre com a pressão para se casar e ter filhos, porque interferem em sua liberdade. Facilmente reconhecida em rituais de dança e círculos femininos junto à natureza, em atletas, veterinárias, adestradoras de animais. Ártemis foi aquela menina que brincou muito com pais e irmãos, seus parceiros de atividades. Essa mesma parceria reflete em seu relacionamento íntimo com os homens. Na área profissional, direciona-se a uma missão maior, normalmente ligada à cura da terra ou da humanidade. Como mãe, cria os filhos livres no mundo.

Afrodite, deusa do amor e da beleza, rege a intimidade e os relacionamentos amorosos. Seduz os sentidos, expressa-se com o corpo. Não passa despercebida. Vive a sexualidade sem culpa. Desfruta do momento presente. Necessita de conexão com o outro. Afrodite nos ensina a sermos vulneráveis. Empática, compreende a energia masculina, por isso é tão magnética para os homens. Sua ferida está na distorção de suas características essenciais, com a sociedade atribuindo-lhe o papel de vagabunda; também é comumente rejeitada por outras deusas e mulheres e, quando em desequilíbrio, encontra-se com baixa autoestima. Vinculada às artes visuais – pintura, escultura, arquitetura – e também à música e poesia, transita por salões e festividades. Afrodite foi menina sociável, amorosa e festiva. Sua profissão tenderá para atividades com interação social. No relacionamento íntimo, livre de rótulos, entrega-se. Na maternidade, é carinhosa, mas independente dos rebentos.

Deméter, a generosa mãe de todos, é paciente e rege os ciclos reprodutivos da terra e das mulheres, as colheitas e as gestações. Associada à fertilidade, ela nos conscientiza de nossos ciclos, de nossa menstruação. Cuidar, numa absoluta entrega ao outro, é seu instinto. Nos ensina a servir. Suas feridas afloram facilmente no excesso de dedicação, quando se esquece de si mesma e ao perceber a vida perdendo o sentido quando os filhos saem de casa. Deméter foi menina caseira, ligada à mãe e que se preocupava em cuidar de todos. Mesmo que sua profissão tenha importância, filhos são sua prioridade. O que mais a conecta a um relacionamento íntimo é a segurança.

Hera, esposa de Zeus, rege o casamento e todas as funções públicas em que a mulher exerce poder, responsabilidade ou liderança. Nos ensina autoridade e governança. Preocupada com a moralidade social e a preservação da família, é ligada à tradição. É a companheira do homem no poder, o que nos ensina paciência e determinação, porque é capaz de esperar a vida inteira pelo reconhecimento desse suporte. Se ele não ocorre, se o parceiro não divide o poder com ela, eis sua chaga mais profunda. Também se ressente quando seu poder se restringe a ser a matriarca, muitas vezes reconhecida na figura da mãe ou da sogra controladoras. Identificamos Hera presidindo entidades filantrópicas e grupos de voluntariado e como primeiras-damas que acabam por se empoderarem de cargos políticos. Desde menina, Hera buscava ser o centro de poder em casa. Na vida adulta, a profissão para ela é uma forma de exercer o poder, mas não exclusiva. Com os homens, busca parceria equilibrada. Como mãe, é disciplinadora e rigorosa.

Perséfone relaciona-se com tudo o que é sobrenatural, com experiências místicas. Tem canal aberto com a intuição e com o mundo dos sonhos. Transita pelo universo espiritual, sendo com frequência médium e terapeuta holística. Sua proximidade com o mundo dos mortos e sua sensibilidade para com o sofrimento alheio fazem com que a encontremos também em profissões que lidam com dores, doenças e morte, como a enfermagem. Situações de morte, perda trágica ou traumas podem aflorar a Perséfone na mulher, e a deusa lhe fará companhia a partir de en ? ...rséfone nos ajuda no processo de autoconhecimento, a entrarmos em contato com nossa sombra. Ao mesmo tempo, quando em desequilíbrio, pode apresentar fragilidade, confusão mental e falta de assertividade e direção, como se vivesse em um mundo à parte. Perséfone foi menina introvertida. Sua profissão está ligada a seu propósito, tende a ser fonte de uma entrega maior. Com os homens, busca uma ligação de alma. Na maternidade, é sensível e estimula a livre expressão.

Esses arquétipos vão influenciando as diferentes fases da vida da mulher. Quando chegamos a esse mundo e durante a infância, acompanha-nos a sensitividade de Perséfone; na adolescência, toma conta das meninas a vontade de desbravar o mundo, a sede por liberdade e a rebeldia de Atena e Ártemis, mas também vemos uma ou outra que atrai naturalmente os olhares de todos os meninos, como Afrodite. Na vida adulta, sobretudo no início dos relacionamentos e até o casamento, tomam-nos conta os ares de Afrodite. Com a maternidade, nos abrimos a Deméter. À meia-idade, externamos os desejos de Hera. Na velhice, nós nos reencontramos com Perséfone.

As deusas também dançam entre os sete passos do método do Grande Poder. Clareza emana as capacidades de Atena. Coragem vem da destemida e aventureira Ártemis. Para obtermos independência interna e fortalecermos a autoestima, precisamos acionar o que é visto por muitos como egoísmo, típico de uma Afrodite, para quem o mais importante é estar bem consigo mesma. Para nos apoderarmos externamente, precisamos dos anseios pelo poder material de Hera, bem como de sua praticidade para liderar uma casa, uma empresa ou um cargo. Deméter rege o próprio equilíbrio, deusa das colheitas, mostrando que há tempo certo de semear e colher, de trabalhar e desfrutar, enquanto Perséfone vai estar relacionada à leveza, entrelaçada com fé e intuição.

Embora não seja regra, provavelmente você conseguirá relacionar alguns de seus valores com suas deusas predominantes. Alguns exemplos são Atena com excelência e justiça; Hera com poder e reputação; Ártemis com liberdade e independência; Afrodite com comprometimento consigo mesma; Deméter com contribuição; e Perséfone com compaixão.

MENTOREANDO DEUSAS

Ao mentorear mulheres, é como se, a todo momento, eu observasse a personificação das deusas – ora de formas sutis, em detalhes do comportamento de cada mulher, ora de forma marcante. Quando há consciência dessa influência, a mulher pode selecionar as características impulsionadoras de suas deusas predominantes; sem isso, em geral o excesso de determinadas características vira uma ferida, um entrave na vida.

Já estive diante de mulheres Atenas, extremamente arraigadas à influência da mente paterna, tal qual a deusa que se originou da cabeça partida de Zeus, saltando de dentro dela já adulta e vestida com sua armadura.

Conheci uma jovem que decidiu empreender com leveza, trabalhando de forma independente. Abriu um escritório no centro da cidade, mas o negócio só deslanchou quando trocou para o home office em sua casa no interior, cercada de natureza e ar livre, permitindo-se integrar sua Ártemis à urbana profissão do design gráfico e, mais importante, sendo livre em seus horários de trabalho e de conexão com o que lhe faz bem.

Afrodites foram muitas. Uma delas chegava a ser a representação que temos da deusa em pessoa, no cabelo e no vestir. E a profissão? Arquiteta, dona de projetos extremamente requintados e belos. Outra transparecia uma das feridas de Afrodite, tendo desistido de interagir com as demais mães da escola dos filhos, que a repeliam.

Curiosamente, atendi apenas uma Hera. Polida na fala, elegante e clássica na vestimenta, apresentou o poder como valor principal. Tinha interesse em finanças e investimentos. Esposa de um empresário, era ela quem realmente almejava estar na cadeira de CEO.

Deméter também não é tão comum de encontrar nesses tempos, mas atendi a uma jovem mãe de três meninas que tinha uma escolinha infantil. Era uma encantadora de crianças.

De todas as deusas que conheci, foi uma Perséfone a mais proeminente. Gostaria de compartilhar sua história, porque a manifestação do arquétipo dessa deusa se deu com a replicação do mito da deusa na própria vida da mulher.

Na história mitológica, Perséfone, que vive com a mãe, está colhendo flores quando é raptada por Hades, o deus do mundo dos mortos. Ela faz um trato com Hades: ele a permite visitar a mãe durante oito meses do ano, e ela passa a viver quatro meses com ele no mundo avernal. Apesar da história no contexto literal ser repugnante, no contexto simbólico expressa que o mundo avernal não é ruim, não é obscuro nem mau, como muitos pensam. Ele representa apenas nosso interior, nossas sombras, com as quais também temos de conviver.

A Perséfone que quero apresentar se chama Helena. Sua trajetória foi marcada por eventos intensos. No começo da vida, conviveu com um irmão que tinha deficiência e teve uma gravidez inesperada aos 16 anos. Ao adentrar a vida adulta, tornou-se uma reconhecida profissional no mundo corporativo, e tudo pareceria estável; contudo, quando a filha fez 16 anos, a garota também engravidou de forma inesperada. A chegada do neto raptou-lhe para um novo mundo. Do espectro autista e com uma deficiência visual grave, o menino foi responsável por um turbilhão de mudanças e fez com que Helena estudasse terapias alternativas, como o reiki, no ímpeto de acolhê-lo e auxiliá-lo em sua inserção num mundo ainda pouco aberto para lidar com as diferenças.

Foi um portal para ela encontrar sua missão. Conforme se aprofundava nos assuntos, desejava cada vez mais atuar auxiliando as pessoas energética e espiritualmente. Mas não conseguia se desprender por completo do trabalho tradicional. Percebem como parece ser um embate entre os dois mundos que Perséfone transita, o material e o imaterial? Só encerrou seu ciclo de trabalho como gerente ao montar outro negócio paralelo aos atendimentos holísticos: uma floricultura em sociedade com a filha.

Em parte do dia, passou a fazer os atendimentos em seu consultório, vivendo junto do mundo espiritual; em outra parte, dedicava-se ao novo negócio e literalmente colhia flores, tal qual Perséfone. Esse conciliar aconteceu por cerca de um ano, até que ela conseguisse, enfim, dedicar-se de forma plena a sua vocação maior. Foi como se precisasse dessa dosagem entre os dois mundos. Aliás, todas, de alguma forma, precisamos disso.

INTEGRANDO AS DEUSAS EM VOCÊ

Acredito que você tenha se identificado mais com uma ou duas das deusas. Segundo minha experiência, suponho que esteja em dúvida se interpretou direito. Se é seu caso, trata-se, mais uma vez, de uma mulher duvidando de sua percepção e sua intuição. Confie no que está sentindo. Na mentoria O Grande Poder, eu guio e valido a análise e as conclusões de cada participante em sua relação com as deusas, incluindo a aplicação de um teste para essa verificação. Será uma satisfação pegar sua mão e fazer o mesmo para você. Fica registrado o convite para integrar as próximas turmas.

Independentemente disso, porém, desejo que, desde já, você confie em sua voz e tire proveito desse conhecimento. Se houve identificação ou afastamento em relação a determinadas deusas, sua percepção tende a estar certa. Então, nas questões a seguir, anote o que ressoar em seu coração, sem receios, bloqueios morais ou sentimentos duvidosos. As respostas a ajudarão a ter mais convicção.

Lembre-se: tendemos a sentir mais afinidade com duas das deusas cujas características se manifestam com mais intensidade em nós, o que não quer dizer totalidade. Portanto, não se bloqueie se a descrição da deusa que considerar predominante em você não se aplicar integralmente à sua personalidade.

Qual deusa eu sou?
Anote o nome da deusa com que mais se identificou.

Que deusa já fui?
Anote outra deusa, uma que já tenha percebido forte em você – na infância, na adolescência ou uma fase da vida diferente da atual.

Anote um momento em que reconheça claramente a influência de uma das seis deusas.

Perceba as deusas que lhe fazem bem. Cite alguma atividade que adorava fazer, mas que, por causa da configuração da rotina atual, deixou de lado. Consegue relacionar essa atividade a alguma deusa específica?

Em que tipo de ambiente você se sente mais à vontade e onde costuma ficar desconfortável? Consegue relacioná-los a determinadas deusas?

Perceba as deusas com quem convive. Anote o nome de diferentes mulheres em quem reconhece com intensidade cada uma das seis deusas.

Afrodite:

Ártemis:

Atena:

Deméter:

Hera:

Perséfone:

Com qual deusa você se identifica menos?

Qual é a característica mais marcante que causa esse distanciamento?

Sobre a última questão, abra seu coração, sem julgamentos, e reflita o motivo desse sentimento em relação a essa deusa. Geralmente, a deusa que preterimos tende a refletir nossa sombra, aquilo que nos falta ou negligenciamos justamente por termos em excesso as características da nossa deusa oposta a essa.

Sempre que há excesso ou falta de algo, há desequilíbrio. Uma mulher Hera pode apresentar-se tirânica e controladora e repudiar mulheres Afrodite. Se ela abrir espaço em si para as características da "opositora", esta pode lhe ensinar a importância e os benefícios da vulnerabilidade. Mulheres Afrodite podem apresentar-se impulsivas e terem como deusa sombra Atena, com quem aprenderiam a agir de modo mais lógico. Mulheres Atena podem ter excesso de apego ao mental e terem como sombra Afrodite, com quem aprenderiam a sair da defensiva, abrindo-se para os sentidos e o prazer. Perséfone tende a apresentar confusão mental e poderia encontrar equilíbrio e aterramento com a eficácia, direcionamento e praticidade de Hera. Ártemis, quando em desequilíbrio, pode se isolar e, por isso, tem na deusa dos salões, Afrodite, sua sombra, que poderia auxiliá-la a se integrar socialmente e se relacionar com outras pessoas. Deméter, por sua vez, pode conseguir desprender-se de sua doação excessiva, inspirando-se em Atena ao traçar metas para si mesma e não apenas na direção de servir e cuidar dos outros.

Você percebe algum excesso que sua deusa predominante causa em sua vida?

Valendo-se do auxílio de sua deusa sombra, justamente aquela que você talvez esteja repelindo, qual é a pequena ação que você vai fazer nos próximos sete dias para diminuir esse desequilíbrio?

Com essas reflexões, muito provavelmente você se aproximou de seus arquétipos. Eles podem ser resultado de uma predisposição genética ou da construção psicossocial. O que determina a presença e a influência desses arquétipos em nós são os modelos femininos que fizeram e fazem parte de nossa trajetória. As interações que tivemos fortalecem alguns e suprimem outros. Tendemos a espelhar um modelo ou confrontá-lo. Por exemplo, a filha de uma

Hera pode tanto ser igual à mãe como apresentar características de Atena, em oposição a ela.

O mais importante é não se apegar a essa tipologia a ponto de restringir percepções. A intenção é que você tenha o entendimento de que possui todas as deusas em si, e o desafio é justamente abrir espaço para as características de todas elas coexistirem em harmonia, porque é apenas quando você integra todas as deusas em si mesma, em seu dia a dia, em suas relações, que o equilíbrio se dá. Você completa o pilar da harmonia de forma muito natural, como uma dança circular suave em que vai rodando e se entrelaçando, ora com uma deusa, ora com outra, sorrindo e sentindo conexão com cada uma delas. Cada uma de nós é uma combinação em diferentes intensidades desses seis arquétipos.

Após conhecer essa abordagem sobre as deusas, o que você conclui sobre o equilíbrio? Acredita que ele é possível?

E como está em relação a esse passo em sua vida?

Muitas vezes, temos a sensação de que bastante coisa está errada em nossa vida ou até mesmo de que tudo está de cabeça para baixo. No entanto, depois de conhecermos os arquétipos das deusas e reconhecermos a presença e o distanciamento das deusas em nós, fazemos pequenos ajustes, e não raro muito do desconforto que sentíamos se dissolve. São ações que dão mais espaço para características de determinada deusa ou que dosam algum aspecto de outra que talvez seja excessivo. Esse é um poderoso exercício de autoconhecimento, indico para todas as minhas mentoreadas.

SOMOS UM TODO. É POR COMPLETO, COM SUA ESSÊNCIA E SUA BELEZA EXCLUSIVAS, QUE VOCÊ IMPORTA.

@MARCIELESCARTON

O GRANDE PODER

PASSO 7
LEVEZA

11

CONECTE-SE COM A SABEDORIA ESSENCIAL
E APROVEITE A JORNADA

Você não é a sua mente...

Os problemas da mente não podem ser solucionados no nível da mente. No momento em que compreendemos que não somos nossa mente, não existe muito mais a aprender ou compreender. O máximo que podemos conseguir ao estudar a mente é nos tornarmos bons psicólogos, mas isso não nos levará além da mente, do mesmo modo que estudar a loucura não basta para criar a sanidade. Já entendemos a mecânica básica do estado de inconsciência, ou seja, quando nos identificamos com a mente geramos um falso eu interior, o ego.

A mente é uma ferramenta maravilhosa. O mau funcionamento acontece quando buscamos nosso eu interior dentro dela e a confundimos com quem somos. É nesse momento que a mente se torna egoica e domina toda a nossa vida.

Em férias, às vésperas do Réveillon, ela fechou o livro irritada quando leu esse trecho de O *poder do agora*.[48] O fim do ano, uns poucos dias, era o único momento em que ela se permitia relaxar um pouco. Era quando tirava férias de si mesma, daquela supermulher que fazia tanto, realizadora, baita profissional, colecionadora de resultados e conquistas, e ler algo diferente dos assuntos que ela sempre estudava, algo mais relax, fazia parte desse período.

---

[48] TOOLE, E. **O poder do agora**: um guia para a iluminação espiritual. Rio de Janeiro: Sextante, 2002.

Uns dias antes da viagem, ia a uma livraria e fechava os olhos, torcendo para ninguém perceber esse comportamento "bobo" e desejava: que eu escolha um livro que me traga uma mensagem sobre o que preciso fazer no próximo ano para que ele seja incrível e que seja de leitura leve. No que abriu os olhos, topou com um título bastante elogiado. *Perfeito, vou levar.* Esse papo de viver o momento presente é perfeito para esses dias, para ler com os pés na areia, sem pensar em nada.

Só que o livro não era propriamente leve. Ele mostra o caminho para a leveza, mas, para alguém hiper-racional como ela, traz um ensinamento difícil de aceitar: que para obter verdadeiramente a leveza não basta aprender um enunciado ou um conceito, é preciso senti-la. E, embora ela fosse inteligente o suficiente para à primeira leitura contestar o que estava escrito, também era inteligente o suficiente para entender que aquela afirmação precedia de muitos e coerentes embasamentos presentes nas páginas seguintes.

E então ela abriu novamente o livro e devorou cada parágrafo que dizia que as pessoas não são a mente. Se ela não era sua mente; ela não era, na verdade, o que pensava ser. Ela não era tudo o que mais prezava: seu intelecto, seus estudos, seus conhecimentos, seu pensamento crítico e analítico. Ela não era o que a tornava tão especial, tão realizadora e diferenciada. E, se não era tudo isso, quem ela era, então?

Não foi fácil digerir, porque foi naquele momento que ela percebeu sua pequenez diante do universo. Precisamos reconhecer nossa insignificância para acessar nossa real grandiosidade, nosso Grande Poder. Naquele momento, para mim (sim, essa história é a minha), foi como estar diante de um abismo. Foi ali que a Marciele que se considerava tão segura, dona de si e sabedora de tudo percebeu que havia uma imensidão que ela desconhecia. E o mais importante: que essa profundeza a desbravar não era externa. Seria preciso me jogar nesse abismo para criar asas e alçar voo, voar livre e leve para todos os lugares que minha essência sempre desejou.

Talvez você ache estranha essa conversa; eu mesma por muito tempo considerei esse tipo de assunto um devaneio e me mantive na defensiva. No entanto, sem esse entendimento, não há conquista da leveza. Ao longo de cada passo citado aqui, eu a conduzi a desconstruir concepções pregadas pela mente, que, influenciada pela cultura, pelo ambiente, pelas relações sociais, foi condicionada a acreditar como sendo realidade. Pensamentos sabotadores e crenças limitantes. Também guiei você para que reconhecesse sua essência, quem você é verdadeiramente, além do que sua mente pode restringir. Ainda assim, tamanho o automatismo em que vivemos, é provável que não consiga se definir sem falar de sua profissão, não é? Já reparou que o que fazemos chega a parecer nosso sobrenome? Quantas pessoas são vinculadas ao nome da empresa em que trabalham? Certamente você conhece alguma "fulana, que exerce tal função na empresa tal".

Claro que se trata de um pertencimento, algo que nos conecta ao lugar com que contribuímos ou com um propósito e que é compreensível se apresentar dessa forma. Mas, internamente, não podemos nos restringir a esse âmbito. Precisamos estar cientes de que somos mais que aquilo que fazemos como profissão.

Então, pergunto: quem é você? Para responder, quero que exercite essa apropriação de sua essência, tendo em mente sua inteireza. Pode listar valores, talentos e habilidades, elementos da essência feminina que enxerga em si, as deusas com que se identifica, do que gosta, o que lhe faz bem, uma causa que defenda, seus sonhos, o que ama, seu propósito... E pode falar de profissão também. Não há um formato específico. Não tem certo ou errado. O importante é descrever algo sobre você. Aproveite esse momento como uma chance de conexão consigo mesma. E fique tranquila, você poderá continuar respondendo ao mundo de forma objetiva o que você faz, sua atividade ou sua profissão. Mas, após este exercício, você vai estar mais próxima de quem realmente é, vai começar a abrir espaço em sua vida para *ser* além de *fazer*, então, certamente sua essência vai começar a transparecer mais. Ela começará a aflorar em sua postura, sua autoconfiança, suas ações, em como você se posiciona.

Eu sou:

O QUE VOCÊ FARIA COM UMA HERANÇA MULTIMILIONÁRIA?

Isso mesmo, você ganhou 20 milhões de reais! O que faria se recebesse uma herança inesperada nesse valor? Quando faço essa pergunta para minhas mentoreadas, algo interessante acontece. Todas respondem que fariam coisas para as quais não precisam ter 20 milhões. As respostas mais comuns são parecidas com:

- ficar um pouco sem fazer nada;
- fazer um curso específico;
- realizar uma viagem que custa um percentual ínfimo dessa quantia;
- ficar mais com os filhos ou poder ficar com eles sem pensar nos tantos outros afazeres;
- praticar atividade física todos os dias;
- fazer mais as coisas de que gosta.

Percebo que a confusão se dá porque são questões tão valorosas que as associamos a uma liberdade monetária. O que não percebemos de primeira é que questões como essas não têm preço e não dependem de uma conta bancária exorbitante, apenas de nossa decisão. São questões para as quais temos poder de escolha. Por isso, é muito importante que saiba o porquê de seus objetivos. Talvez você esteja toda enrijecida buscando uma condição de vida e acreditando que depende dela para desfrutar de momentos que já estão ao seu alcance.

Definir o que é sucesso para você pode ajudar a elucidar esses pontos. Para mim, sucesso é:

O que materialmente você ainda precisa conquistar para comprovar a si mesma que alcançou o sucesso que almeja?

Existe algo não material que você precisa conquistar para obter esse sucesso?

O que materialmente você já tem na composição desse sucesso?

O que não é material que você já tem na composição desse sucesso?

Se amanhã ao acordar só lhe restasse aquilo pelo que você agradeceu hoje, pelo que você agradeceria agora?

_____

_____

Ao responder às questões anteriores, percebeu ter mais ou menos sucesso do que considerava ter?

_____

_____

O que quero mostrar é que, diferentemente daquilo em que por muito tempo eu também acreditei, a leveza não está lá na linha de chegada. A leveza está aqui e agora, em mim e em você.

Sempre desejei ser mãe. Esse dia, no entanto, era vislumbrado como algo bem adiante, depois que eu completasse todas as tarefas de uma lista enorme que eu mesma criei: formatura, sucesso profissional, casamento, casa própria, viagens e outras experiências que eu havia decidido que só cabiam ser feitas antes da maternidade. Enquanto muitos perguntavam quando eu teria filhos, minha avó materna, me vendo na correria incessante em busca de tudo o que mencionei, disse-me que não era mesmo hora de eu ter filhos. Aquele comentário na contramão dos outros, vindo de uma senhora que tinha idade para ser ainda mais conservadora, me surpreendeu. Eu até brinquei com ela e questionei "só porque ainda não me casei na igreja?".

— Porque ainda não conquistou o fundamental para ter filhos: a tranquilidade — retrucou ela, sem pestanejar.

Naquele dia, com o peso de tantas exigências e cobranças que eu sentia depositarem sobre mim, inclusive eu mesma, não dei continuidade à conversa, só pensei: *E será que um dia eu conquisto essa tal tranquilidade?*

Hoje sei que a tranquilidade a que ela se referia nada tem a ver com carreira, bens acumulados, conta bancária e outros objetivos que perseguimos. A tranquilidade tem a ver com decisões e escolhas que fazemos em relação a pequenas coisas. Ela vem à medida que olhamos mais para dentro e menos para fora.

Sábia nona Delésia, que, mesmo sem instrução formal, estava falando do sétimo passo, da leveza. É quando uma mulher alcança esse ponto que ela pode desejar, tomar decisões mais acertadas e conquistar o que quer que seja, com paz no coração. A leveza chega quando, mesmo com a vida agitada, abrimos espaço para pausar e respirar. Isso mesmo: não precisamos nem devemos nos estagnar para a tranquilidade chegar. Continue dando todos os passos anteriores, avançando na direção de seus objetivos, mas deixe portas e janelas abertas para ventilar, arejar e receber enquanto transcorre o caminho.

A tranquilidade se recosta, nos dá o braço e anda a nosso lado somente quando sabemos que a chegada ao destino não ocorre de um dia para o outro – se é que ocorre, porque tudo vai se transformando e ganhando novas formas e significados a cada trecho. A leveza é um estado de espírito que só se instaura quando nos damos tempo para nos conhecermos, quando paramos e prestamos atenção, olhando para o que realmente flameja em nós. Não tem hora, idade nem momento determinado para acontecer. É um espaço de encontro único para cada uma de nós. É sublime. E espero que a caminhada proporcionada por este livro possa abrir caminho para que esse momento aconteça ou se amplie para você.

A PRÁTICA DA LEVEZA

Por muito tempo, tive certo ranço de frases como "as soluções estão esperando até que você chegue ao agora", porque minha mente hiper-racional não alcançava seu entendimento mais amplo. E, para uma hiper-racional,[49] a incapacidade de compreender algo é uma afronta. Aliás, ela vai buscar uma explicação lógica até que encontre.

A hiper-racional tem foco intenso no racional, é dona de uma mente intensa e ativa. Valoriza o que o mundo masculino tende

---

[49] CHAMINE, S. *op. cit.*

a considerar sabedoria, entendimento e discernimento. Cética, precisa de comprovações. Desdenha quem se deixa levar pelos sentimentos. Quando demonstra sentimentos, é por meio de paixão pelas ideias. Passa uma imagem fria, distante e até arrogante. Chega a intimidar as pessoas com sua capacidade analítica. A superioridade intelectual lhe confere sensação de segurança.

Não posso deixar de relacionar o comportamento sabotador que ocasiona essa extrema dependência do mental à herança da construção social que privilegia o masculino. Comportamentos considerados femininos, como a demonstração dos sentimentos, o choro e a intuição, são repreendidos a cada fase de desenvolvimento da menina. Então, para se inserir e transitar nos espaços antes exclusivamente dominados pelos homens, as mulheres foram suprimindo em si mais essa parcela de seu modo instintivo de ser.

Por reconhecer em mim mesma a hiper-racional e por saber que há uma parcela de hiper-racionalidade em cada mulher, confesso que este capítulo sobre a leveza, para mim, sempre figurou como um dos grandes desafios desta escrita. Pensei que precisaria reunir muitas evidências científicas para corroborar minha mensagem neste capítulo. Depois considerei: *Não! É Exatamente o contrário. Essa parte trata justamente de acreditar no sutil.*

A verdade é que, como tento afirmar desde o começo deste capítulo, a leveza não é um conceito a ser apreendido, comprovado. Ela precisa ser sentida. E não há jeito que não seja desacelerando internamente, desapegando do lado mental. Deixando de estar o tempo todo vigilante, a postos, com respostas e soluções para tudo.

A leveza está em confiar. Veja quantos passos você já deu: clareza, coragem, independência, autoestima, produtividade, equilíbrio. Você já fez muito – e ainda está fazendo. Não está estagnada. Agora, portanto, relaxe. Acredite no fluxo da vida.

Você pode se valer de uma série de exercícios para desapegar do racional – e, se há mulheres que não conseguem fazê-los, por mais simples que sejam, é porque acessar a leveza tem mais a ver com mudança de mentalidade que com alguma ferramenta prática.

Aqui, o mais importante é parar de focar o que falta, de ansiar pelo que ainda há por conquistar. Você não teme que lhe falte o ar a cada respiração. O ar sempre vem, não é? Simplesmente siga a vida. Tenha essa atitude sobre todas as demais coisas: confie, elas acontecerão no tempo certo. Além disso, não se cobre tanto, não seja tão rígida com você. Se algum trecho não estiver exatamente como deseja, lembre-se de que é possível alterar a rota a qualquer momento.

MERGULHANDO NO AGORA

Deveríamos viver o agora, mas tendemos a sempre sofrer por algo que nos aprisiona ao passado ou ansiar por algo futuro, ficando alheias à vida que transcorre no instante presente, como se sempre, de alguma forma, resistíssemos ao que se dá a cada momento. No trabalho, pensamos que deveríamos estar com a família; em família, nós nos sentimos culpadas porque temos afazeres pendentes do trabalho. E é assim com praticamente tudo.

Como exatamente vivenciar o agora? De forma objetiva, praticando a atenção plena! E por que tanto rodeio para recomendar isso? Porque é uma orientação que parece muito simples diante de um ensinamento complexo que a mente hiper-racional esperaria. Do líder espiritual Eckhart Tolle ao pesquisador especialista em sabotadores Shirzad Chamine, a recomendação é a mesma.

Chamine aponta que, para aumentarmos nosso quociente de inteligência positiva, fortalecendo os músculos do lado sábio de nosso cérebro, de modo a enfraquecer os sabotadores, devemos praticar cem repetições de atenção plena por dia. Isso talvez envolva minutos de percepção em situações habituais, como dar-se conta das sensações que surgem enquanto escova os dentes. Mudar a atenção para seu corpo e qualquer um dos sentidos por pelo menos dez segundos. Isso pode acontecer enquanto sente os pés descalços no tapete, observando quantos tons de verde vê em meio às árvores, percebendo o peso do próprio corpo na cadeira.

É para isso que serve nossa poderosa mente, então? Basicamente, sim. Quando ela está domada, minimizam-se os sabotadores e ela se encontra calibrada para funções e resoluções importantes no momento em que nós determinamos, como planejar, calcular, sonhar, memorizar. A diferença é que a mente deve trabalhar e consumir energia apenas quando você determina, não o tempo todo. E assim você relaxa. Não precisa ficar maquinando, tentando resolver problemas que muitas vezes nem existem.

Admire, ouça, sinta aromas, perceba as diferentes texturas das coisas. Neste momento, por exemplo. Respire fundo, sinta o ar entrando e saindo. Perceba o toque da mão nas páginas do livro, como a textura da capa é diferente da do miolo. Tome consciência da posição em que se encontra. Não a modifique de imediato. Se estiver sentada, tome consciência das partes do corpo que tocam o assento e o chão. Há tensão em seu corpo? Sua coluna está ereta?

Também podemos praticar o controle de nossa mente observando sem julgamentos. Costumamos analisar situações, experiências e principalmente pessoas, categorizando, comparando. Isso diminui nossa capacidade de estarmos presentes e sorvermos o que de fato se apresenta diante de nós.

Por fim, que tal criarmos menos expectativas e saborearmos mais o que vier? Lembre-se: você já deu e está dando todos os passos anteriores; agora, confie que o que virá será satisfatório.

ACESSE ESSE SUPERPODER

Tendo essa compreensão da importância de viver o agora, você está pronta para acessar sua intuição. Na contramão do universo estritamente masculino e racional, a intuição nos conecta com uma força além da razão. E é num exercício de atenção plena, ao perceber as batidas do coração, que você encontra um dos caminhos mais potentes para que sua intuição se comunique com você.

Em tradições milenares, o coração foi considerado o centro da emoção, da intuição, da sabedoria. Um portal espiritual, de acesso para o eu interior. De alguma forma, essa herança chegou a nós, e popularmente esse órgão também é associado às emoções. Contudo, até há pouco tempo, para a ciência, o coração só tinha a função de bombear sangue pelo corpo.

Pesquisas mais recentes, no entanto, apontam que o coração possui uma extensa rede de neurônios, se comunica com o cérebro e desempenha papel na formação da consciência humana. Informações e estímulos são enviados por ele de forma constante – via transferência de impulsos nervosos, hormônios e neurotransmissores, ondas e por interações de campos eletromagnéticos –, ativando ou inibindo diversas áreas cerebrais, como se o coração também pudesse sentir, pensar e decidir.[50]

Com a ciência demonstrando que o coração é capaz de "conversar" com o cérebro, influenciando percepções, cognição, processos mentais, nossa mente hiper-racional ganha argumento para não duvidar de que aquele certo acelerar das batidas pode dizer algo.

O que seu coração tem tentado lhe dizer? Será que você o ouve ou abafa suas mensagens? Experimente exercitar sua intuição por meio da conexão com seu coração, de mensagens que possa receber do inconsciente por sonhos ou criando mecanismos próprios para comunicar-se com sua sabedoria interior. Gisele Bündchen, por exemplo, conta em sua autobiografia que colocava papéis com "sim" e "não" dentro de um copo e depois pegava um deles para validar decisões importantes.[51]

Comece de forma despretensiosa. Divirta-se testando sua intuição com coisas corriqueiras, como quando está em dúvida entre duas cores de roupa, se aceita um convite para sair. Se acordou pensando naquela pessoa, mande

---

[50] CHACCUR, P. Cérebro e coração: você sabe como eles se relacionam? **Uol**, 2020. Disponível em: www.uol.com.br/vivabem/colunas/paulo-chaccur/2020/08/02/cerebro-e-coracao-voce-sabe-como-eles-se-relacionam.htm. Acesso em: 8 jun. 2024 TESTONI, M. O coração pode influenciar o cérebro e fabricar e sentir emoções? **Uol**, 2022. Disponível em: www.uol.com.br/vivabem/noticias/redacao/2022/04/25/o-coracao-pode-influenciar-o-cerebro-e-fabricar-e-sentir-emocoes.htm. Acesso em: 8 jun. 2024.
[51] BÜNDCHEN, G. **Aprendizados**: minha caminhada para uma vida com mais significado. Rio de Janeiro: BestSeller, 2019.

mensagem. Se tem uma ideia, anote-a ou coloque-a em prática. À medida que a exercitar, sua voz mental sábia e fortalecedora vai ficando mais nítida e forte. E como saber se é intuição, e não sabotagem? A voz da sua intuição jamais será pejorativa como os sabotadores tendem a ser; ao contrário, a intuição tende a ser impulsionadora, afagadora, com os movimentos voltados sempre para sua essência, para onde você se sente confortável.

Pense em quando está dirigindo para um lugar, sabe o caminho, mas mesmo assim coloca o trajeto no GPS, e ele decide fazê-la dar voltas à toa. Poxa, você sabia o caminho, nem precisava dessa tecnologia. Metaforicamente, a quantos GPS bugados temos dado ouvidos, em vez de escutarmos nossa própria voz interior? A intuição é nossa bússola interna, deixa tudo mais suave, nos torna leves, tranquilas e certas de boas decisões.

PEÇA AUXÍLIO, SEMPRE!

Para encerrar esse passo, divido algo bastante íntimo: por certo tempo, cheguei a ensinar sobre leveza de uma forma diferente da que acabei de usar aqui. Eu ensinava os conceitos, mas não os vivenciava. Então, após duas semanas muito intensas de lives em um lançamento digital de mentoria que não teve êxito em conversões, desabei, estafada.

A última transmissão ao vivo havia sido justamente sobre leveza e o fluir da vida. Assim que desliguei a câmera, senti-me envergonhada, uma impostora. Se não era leve para mim, como dizer para aquelas mulheres que era esse o caminho? Há meses em uma dedicação extrema, sem o resultado almejado, dias longe do marido e do filho, trabalhando ininterruptamente.

O que havia de errado? O que eu não conseguia entender? Estava fazendo de tudo para seguir no caminho que eu tinha entendido ser a missão de minha alma, tinha trocado uma carreira de sucesso externo para transmitir conhecimentos mais profundos para mulheres, na direção do que eu acreditava ser uma causa importante. Estudava, produzia conteúdos, dedicava-me incessantemente e, mesmo assim, parecia ter chegado a um ponto e travado. Era um ponto em que eu estava muito aquém do que eu havia dimensionado.

Foi quando instintivamente me ajoelhei no escritório, aos prantos, ergui as mãos para o alto e esbravejei: "Quem aí em cima colocou essa ideia no meu coração, me ajuda! Sozinha não estou conseguindo, não estou dando conta, não sei mais o que fazer! Se é mesmo para eu seguir nessa missão, me mostra o caminho!".

O que aconteceu a partir dali foi mágico. Novos olhares, novas oportunidades e pessoas, tudo verdadeiramente fluindo de forma mais grandiosa que aquelas que eu planejara e até então forçara, mas sem êxito. Também passei a ter sonhos com seres espirituais que me afagavam, me auxiliando.

Eu comprovava na pele que as mulheres aprendem que devem dar conta de tudo sozinhas. Demorei mais de trinta anos para, pela primeira vez na vida, pedir auxílio, para admitir e aceitar que nem tudo dependia de mim, que eu já estava cumprindo muito bem o que me cabia e que o que faltava era crer em algo maior, ter fé, acreditar em algo que a gente não tem como explicar, mas sente que existe e nos move. Uma força que nos proporciona lugares muito mais grandiosos que aqueles que nós delimitamos. Tudo o que se materializou na sequência daquele dia foi muito maior do que aquilo que eu almejara até então – incluindo a escrita e o lançamento deste livro.

A leveza é acessada pela conexão espiritual individual, que nos permite nos desapegarmos do controle absoluto e relaxarmos, confiarmos. Obviamente, isso será feito com os ritos de sua religião, se você tiver uma, mas quero deixar claro que é algo que independe de qualquer convenção instituída pelos homens, porque essa conexão pode ser feita por nós, mulheres, de um modo diferenciado: pela gratidão a nossa força ancestral feminina. Basta abrir o coração para ouvir aquelas que viveram antes: "É por aqui, vem, não desista, estamos aqui para apoiá-la...". Então, já sabe: a cada nova etapa, em cada desafio, peça o auxílio da força feminina impregnada em você e torne-se incrivelmente mais confiante em uma jornada de muita leveza pela vida.

A LEVEZA É UM ESTADO DE ESPÍRITO QUE SÓ SE INSTAURA QUANDO NOS DAMOS TEMPO PARA NOS CONHECERMOS.

@MARCIELESCARTON

O GRANDE PODER

O MAPA PARA SEGUIR COM AUTONOMIA

12

erta vez, uma de minhas borboletas – como chamo minhas mentoreadas e como gostaria de me referir a partir de agora a você, querida leitora – me contou que procurou a mentoria porque nem em casa, nem no trabalho, nem junto de amigos havia espaço para "esse tipo de assunto". Era um tema que lhe era caro. Ela se referia ao feminino potente e livre de rótulos que apresento nos encontros e que me desafiei a transcrever nestas páginas.

Esse comentário representa para mim o cumprimento daquela que determinei como minha missão: promover o encontro e a integração com nossa verdadeira essência feminina, de uma forma totalmente nova, disruptiva, porque não coloca a mulher em uma caixa de conhecimento ou crença.

Era exatamente a isso que eu queria ter acesso quando senti o chamado de minha essência feminina. No entanto, o que encontrei quando iniciei minha caminhada de autoconhecimento e reconexão com minha força feminina foi fracionamento. Eu me deparei com partes potentes, mas que muitas vezes não conversavam entre si. Da praticidade do coaching às profundezas da psicologia, passando pelas validações da neurociência, além de conhecimentos metafísicos ainda não palpáveis ou não completamente compreendidos por nossa mente, nosso campo energético e os apontamentos da física quântica... tudo isso explicava algumas partes, mas não conversava entre si.

Neste mundo dual onde tudo parece separado por extremos, sem um meio--termo, vislumbrei dois segmentos que pareciam ir na contramão um do outro. De um lado, o que poderia me conferir o ápice do empoderamento interno, com o que conhecemos por sagrado feminino; de outro, o que parecia me conferir o ápice do empoderamento externo, acessado nos eventos de networking e negócios. Cada um vertendo sua potência, sempre conquistando uma parcela das mulheres e afastando outra. Eu honro ambos e agradeço a cada um desses movimentos pelo trabalho que fazem com as mulheres, de modo que incentivo todas a experienciá-los.

Aliás, em todos os meus trabalhos pretendo aproximar conhecimentos que fortaleçam a potência feminina ao promover essa intersecção que tenho como método. Neste capítulo, então, quero tratar da imensa alegria que é ter você aqui: uma mulher ciente de que pode ter resultados incríveis, atingir objetivos e metas sem perder seu senso pessoal de plenitude, equilíbrio e leveza. Eu desejo que você conquiste tudo que almeja. Torço para que viva tudo que há para viver, se delicie a cada trecho da vida. Lembre-se de que este é seu propósito essencial: evoluir e ser feliz!

Eu realmente acredito que tudo o que conversamos aqui contribui imensamente para essa caminhada evolutiva e me orgulho de dizer que forneci elementos que lhe permitem encontrar ou fortalecer seu físico, seu mental, seu emocional e seu espiritual, o seu verdadeiro eu, sua essência. Agora já sabe quais são os sete aspectos que, alinhados em sua vida, do jeito feminino, a manterão conectada a sua potência: clareza, coragem, independência, autoestima, produtividade, equilíbrio e leveza.

Você está de mãos dadas com sua força feminina, seu Grande Poder. Não solte nunca mais. Você merece tê-la como aliada para realizar todos os seus sonhos e desejar novas realizações. Eu vibrarei se este livro morar na cabeceira de sua cama, de sua vida, se o mantiver sempre perto para que relembre e pratique continuamente os passos aqui ensinados. Meu coração transborda em saber que agora esse apanhado está acessível para você, e me sinto cumprindo minha missão.

Ao fim deste capítulo haverá um link com um mapa dos sete passos, material que reúne, em forma de roteiro, os exercícios propostos ao longo do livro, pensado para que você realmente vivencie esse método, adotando-o como estilo de vida e desfrutando efetivamente do Grande Poder de sua força feminina a qualquer momento do dia e em qualquer local. Baixe no celular e, se possível, imprima algumas cópias para ter na bolsa, na mesa de trabalho, além de na mente e no coração, sempre junto de si, onde quer que esteja.

MAPA DOS SETE PASSOS: O GRANDE PODER COMO ESTILO DE VIDA

IMEDIATAMENTE

A partir de tudo o que descobriu sobre os sete passos, responda: qual deles, neste momento, tem mais força para impactar positivamente os demais e melhorar sua vida como um todo?

O que sente que deve fazer? Descreva aqui uma pequena ação prática para os próximos sete dias.

DIARIAMENTE

A partir de agora, reserve sete minutos de todos os dias para se conectar com seu Grande Poder. Na primeira hora da manhã, após se levantar, faça um passeio mental fortalecedor pelos sete passos. Será um tempo precioso!

Esse percurso se dá de trás para frente, começando pela leveza, para que sua primeira ação de cada dia seja relaxar, confiar. O roteiro terminará na clareza, ao relembrar suas três metas.

Sugiro cronometrar esse tempo para não se estender além de sete minutos e não se atrasar e, por isso, desistir da prática. No começo, faça exatamente como sugiro, mas, com o tempo, pode adaptar com palavras que façam ainda mais sentido para você. À medida que avançar na prática, esse exercício se torna algo automático, um hábito.

LEVEZA

Explicação: você começa o dia conectando-se com seu superpoder, a intuição.

Ação: coloque as mãos no coração.

Pensamento ou fala: *Bom dia para mim e para você, meu eu superior. O que quer que eu faça hoje, minha essência? Me guie em pensamentos, decisões e ações para que este dia seja pleno em tudo que me faz bem e contribui para uma vida abundante em recursos, realizações e felicidade. Com seu auxílio, que tudo hoje venha a mim com alegria, facilidade e glória!*

EQUILÍBRIO

Explicação: a água, fundamental para a harmonia do planeta e de nosso corpo, é um elemento perfeito para nos lembrar da importância do equilíbrio.

Ação: tome um copo de água.

Pensamento ou fala: *Essa água me desperta, me nutre, elimina toxinas, me energiza, equilibra as funções de meu corpo e de meu ser.*

PRODUTIVIDADE

Explicação: por muito tempo, tentei fazer aqueles despertares recomendados em métodos de produtividade, que podem incluir banho gelado e atividade física intensa na primeira hora da manhã. Nunca consegui manter a constância e sempre me ressenti disso, ficando com uma sensação de fracasso. Hoje, parece-me óbvio o motivo: são modelos que ativam nossa energia masculina. Então, se quisermos estar conectadas com nossa energia essencialmente feminina, precisamos iniciar o dia de forma mais suave.

Ação: espreguice-se, se acaricie, converse com seu corpo. Pode ser um momento para fazer um alongamento, uma postura de ioga ou qualquer outro movimento que desperte seu corpo com tranquilidade.

Pensamento ou fala: *Bom dia, meu lindo corpo, como você é perfeito! Hoje, farei cada uma das refeições com calma, prazer e sem culpa, ingerindo todos os grupos alimentares, tão importantes para nossa saúde e nossa vitalidade. Assim, teremos um excelente e produtivo dia e, à noite, com o sentimento de dever cumprido, vamos dormir às xx horas.*

AUTOESTIMA

Explicação: repita suas crenças fortalecedoras, anotadas no passo 4. Adicione quaisquer outras frases que componham a autoimagem que deseja ter, verbalizando já ser desse jeito, conforme exemplificado aqui. Inclua características físicas que almeja para si. A ação proposta é um carinho em si mesma, para lembrá-la de que merece ser tratada sempre com amorosidade.

Ação: passe hidratante nas mãos.

Pensamento ou fala: *Eu sou linda, maravilhosa. Minha aparência é, cada dia mais, a expressão de minha essência. Sou magnética. Sou autêntica. Sou única. Sou incrível. Sou mulher.*

INDEPENDÊNCIA

Explicação: como vimos, o conhecimento empodera. Por isso, neste passo, centraremos em uma ação: a leitura. Eleja um livro e leia um parágrafo ou trecho que couber nesse minuto, todas as manhãs. Tem de ser um livro físico, já que telas não devem roubar sua atenção nesse momento. Um parágrafo por dia pode parecer insignificante, mas você vai avançar em algo, comprovando o poder das pequenas ações, além de aumentar seu repertório de conhecimento.

CORAGEM

Explicação: verbalize as crenças fortalecedoras apresentadas no passo 2 e acrescente três outras crenças fortalecedoras suas. O que verbalizamos é ouvido, absorvido por nosso cérebro, que, aliás, não diferencia o que é real do que é imaginado. Ele toma como verdade o que nós pensamos, dizemos, imaginamos e sentimos.

Ação: imagine-se, visualize-se, sinta-se dessas formas.

Fala: *Eu posso. Eu sou capaz. Eu tenho coragem. Minha bagagem de conhecimento e de vida fará a diferença neste dia. Estou no tempo certo. Nunca estive tão bem. A cada dia sou minha versão aprimorada. Estou na melhor fase da vida e ainda vai melhorar. Sou merecedora. Eu nunca erro: ou eu acerto ou eu aprendo. Posso trabalhar com o que amo. Fazer dinheiro pode ser leve. Eu faço sempre o melhor com o que tenho.*

CLAREZA

Explicação: reforce suas metas evitando que caiam no esquecimento e aumentando a probabilidade de agir na direção delas.

Ação: verbalize suas metas e se imagine ao alcançá-las.

Fala: *Sou feliz e grata por estar a caminho de realizar x, y, z. Sou feliz e grata porque essas metas de curto prazo me colocam na direção de minhas metas de médio prazo, que são x, y, z, edificando a realidade que almejo para daqui três anos.*

Importante: por muito tempo fui a hiper-realizadora que só se dedicava a fazer coisas grandiosas, que negligenciava coisas aparentemente pequenas, como beber água, comer bem, fazer intervalos durante o dia, prestar atenção em meus pensamentos, fortalecer minha mente. Eu conquistava, mas tudo parecia pesado, custoso e sem sentido. Havia ansiedade. Havia medo de fracassar. Havia muita cobrança e dureza comigo mesma. Foi somente quando dominei essas pequenas coisas que as grandes fluíram. Não subestime a prática: ela parece simples, mas é potente. Em apenas alguns minutos por dia, você consegue praticar, do jeito feminino, autocontrole, disciplina e foco, além de calibrar seu cérebro com atenção plena.

SEMANALMENTE

Acelere os resultados do método ao reservar a cada dia da semana mais sete minutos para cada um dos passos. Claro que quanto mais tempo você puder se dedicar por dia, mais ganhos terá. Eu, hoje, para a maioria dos passos dedico uma hora do dia. Em certas semanas ainda me presenteio com um turno ou até um dia inteiro imersa num passo ou outro, enquanto em épocas mais conturbadas preservo ao menos os sete minutos. No começo, recomendo que limite aos sete minutos, porque um tempo curto como esse aumenta as chances de manter a rotina. E já é excelente. Não é o sete o número da perfeição? Ele representa a conclusão, já que Deus descansou no sétimo dia após a criação do mundo.

A seguir, apresento sugestões do que pode ser feito tanto em sete minutos quanto em períodos maiores para avançar em cada passo. Lembre-se de que o ideal é vivenciar os sete passos em um mesmo dia, na semana, no mês, ao longo dos anos.

Domingo da clareza: faça uma reunião consigo mesma e planeje a semana. Revisite suas metas, avalie o andamento delas e faça anotações sobre como avançar na direção delas ao longo de cada semana. Anote aspectos em que deva prestar atenção para cumprir o que se propôs. Tenha uma agenda para ajudar com esse planejamento.

Segunda da coragem: desafie-se todo começo de semana a fazer algo que sua voz mental sabotadora tende a afirmar que você não é capaz. Aquilo de que possa sentir certa vergonha ou algum bloqueio, mas que sabe que seria importante para atingir seus objetivos. Por exemplo: fazer um *post* sobre produtos ou serviços nas redes sociais. Um vídeo, então? Quem sabe fazer um contato pelo WhatsApp com possíveis clientes? Talvez candidatar-se a uma vaga de emprego? Ter aquela conversa que está evitando há tempos? Vestir a roupa que gostaria, mas sempre deixa para outro dia porque sempre imagina qual seria a opinião dos outros? O que mais? A cada semana, pergunte-se em que ponto precisa ter mais coragem para que sua vida avance e implemente uma pequena ação nesse sentido.

Terça da independência: essa atividade abarca tanto a independência interna quanto a externa. Pegue aquele mesmo livro de todas as manhãs e leia durante todo o período que separou nesse dia. Sugiro livros de desenvolvimento pessoal, do universo feminino ou biografias de personalidades femininas.

Quarta da autoestima: deixe um tempo para fazer algo que eleve sua autoestima. Uma máscara capilar ou facial. Uma massagem. Um escalda-pés. Um banho mais demorado. São apenas sugestões, mas pode ser qualquer atividade que contribua para aumentar seu amor pelo que vê no espelho.

Quinta da produtividade: você se lembra do trio da produtividade – sono, alimentação e movimento? Se estiver devendo no sono, vá dormir mais cedo hoje e repense o horário de recolher-se diariamente para que no dia seguinte acorde com disposição para o que se propõe. Está devendo no movimento? Caminhe, faça um treino em casa ou vá para a academia. Veja se o que deve fazer nesse tempo é a lista do supermercado, as compras no hortifrúti ou comidas saudáveis para congelar. Percebeu que tropeçou nos ponteiros essa semana? Aproveite o tempo da quinta para rever a agenda semanal e as expectativas!

Sexta do equilíbrio: alimente suas deusas. Numa semana, deixe sua Deméter brincar com as crianças sem celular; noutra, jante com seu par, assista a um filme ou uma série ou namore sem preocupações, num momento digno de Afrodite. Em outra semana, sua Ártemis vai querer ver o pôr do sol, ou sua Atena precisará ler um pouco mais daquele livro, ou sua Hera estará ansiosa para uma aula daquele curso sobre finanças, ou então sua Perséfone simplesmente vai preferir ficar sozinha e em silêncio.

Sábado da leveza: ir a uma missa, um culto ou uma cerimônia, ficar em silêncio, meditar, aproveitar uma caminhada sozinha. Ter um momento de conexão com seu eu mais profundo, agradecendo sua essência por tê-la guiado. Contemple a natureza. Faça um arranjo de flores para sua casa. Pratique exercício de respiração e tome consciência de seu corpo. Desconecte-se do digital. Tome sol ou observe a chuva, aceitando como o dia estiver, sem reclamar. Descanse corpo e mente.

Importante: você pode fazer os passos em diferentes dias do que foi proposto, arranje de maneira que façam sentido em sua rotina. O importante é contemplar todos eles ao longo da semana. Além da prática citada, provavelmente você vai começar a categorizar cada tarefa que faz em cada passo do método e também com as deusas. Mesmo assim, é interessante deixar um bloco de notas e marcar determinadas tarefas associando-as aos diferentes passos do método. É uma excelente forma de perceber a dança entre os passos e as deusas e, mais que isso, perceber se está dando atenção excessiva ou negligenciando algo. Para cada objetivo – sobretudo aqueles que possam ser desafiadores para você –, verifique o andamento de acordo com o mapa dos sete passos.

OS SETE PASSOS EM SUA VIDA

Baixe o mapa dos sete passos e viva o seu Grande Poder como um estilo de vida.

https://www.marcielescarton.com.br/ograndepoderextras

MULHERES FELIZES VALORIZAM SUAS CONQUISTAS

13

Se está terminando a leitura deste livro, independentemente de sua atuação profissional, de seu patamar financeiro e dos relacionamentos que preserva, você já é, com folga, a realização da independência com que nossas antepassadas tanto sonharam. As mulheres do passado veriam e veem em nós conquistas e realizações das quais elas não puderam desfrutar. E o coração delas vibra e sussurra com alívio e alegria: nós conseguimos!

Sei disso porque perguntei para dezenas de senhoras o que elas fariam se pudessem reiniciar a vida. Delésia estudaria, porque não teve oportunidade nem de aprender a ler e escrever. Aide seria psicóloga. Etelvina seria, em suas próprias palavras, mais esperta. "Botaria o pé no fundo e me mandaria", confidenciou uma refletindo sobre um casamento abusivo. Ana, *in memoriam*, seria cantora, porque em sua época isso era coisa de homem. Leda, ah, Leda afirma que seria governadora! Bernardete teria mais coragem para tomar algumas decisões.

A dona de casa Arminda, *in memoriam*, gostaria de ser empresária. A costureira Rute teria um ateliê. A viticultora Isolda, com os olhos brilhando e a voz embargada, disse que seria aeromoça, para ver como o mundo era lá fora. "Uma vez, a gente era dominada. Eu acho que a gente deveria ter tido mais oportunidades para ir aonde a gente gostaria de ter ido. Ser livre... e ser líder!", destaca.

Cada desejo dessas mulheres se manifesta em realizações minhas, suas e de uma vastidão de mulheres dos quatro cantos do mundo que se apoderaram, sistemática ou intuitivamente, do Grande Poder.

Pense em mulheres que você admira. O que elas têm em comum? Quais são as características que mais lhe chamam a atenção? Talvez você as admire pelo conhecimento em determinada área, pela forma como se expressam, pela espontaneidade ou pela habilidade de comunicação, pelo faro para os negócios, pela segurança com que apresentam e vendem produtos, serviços ou causas, pela prosperidade financeira, pelos valores que transparecem, pela felicidade conjugal e familiar, talvez por parecerem leves e equilibrarem tão bem diferentes papéis...

Não importa o motivo de sua admiração, afirmo que ele tem a ver com um ou vários dos sete passos. Faça uma lista e busque reproduzir em sua caminhada essas qualidades – certamente haverá ganho em seus resultados.

Uma mulher de sucesso e realizada, para ter conquistado essa condição que causa admiração de tantas outras mulheres, seja de forma intuitiva, seja de forma consciente, agiu com clareza e coragem e dispôs de poderes internos e externos, produtividade e alta performance ao desempenhar diferentes papéis com equilíbrio e leveza, numa jornada de convicção, independência e harmonia.

Lembre-se de que você aprendeu aqui todos os elementos para ser tanto quanto ou ainda maior que essas mulheres em que pensou. Os sete passos a habilitam a ter clareza de quem você é e aonde quer chegar; a atingir os objetivos que se propuser; a ter a confiança necessária para aumentar a renda e prosperar; a dispor de dinheiro para comprar o que deseja; a ter relacionamentos que fazem sentido; a estar espiritualmente conectada; a manter-se em evolução; a causar admiração nas outras mulheres; a orgulhar-se da imagem que vê no espelho; a sentir que tem um propósito de vida; a atingir grandes objetivos em sua vida, sem perder o equilíbrio e acessando toda a sua essência feminina; a ter confiança para atrair e criar a vida que deseja; a conquistar um emprego em que tenha sua potencialidade aproveitada e recompensada; a empreender; a ter um negócio de valor; a descansar; a estar na liderança de sua vida; a tornar-se realizada, feliz e com sucesso em todas as áreas.

Agora feche os olhos por um instante e imagine-se como a mulher de sucesso que tanto almeja. Como você se sente? Qual é sua postura e como está seu semblante? De que forma se comunica e interage com quem está por perto? Que roupa está vestindo? Onde está e o que está fazendo? Quanto mais detalhes visualizar, melhor. Edifique sua autoimagem de plenitude de forma que a expressão que lhe venha à mente não seja outra que não: *Uau, isso é poder*! Note, porém, que esse é um poder que parece tão natural. É suave como a essência feminina. Ele não precisa ser forçado, imposto, ele simplesmente é.

Aliás, tenho certeza de que a palavra "poder" já não tem o mesmo sentido que tinha antes desta leitura. Minha expectativa é de que você não mais se esquive do poder por associá-lo estritamente ao cenário político. Neste ponto também vale lembrar que empoderamento não é apenas uma palavra da moda, repetida e batida. É um conceito profundo e transformador que faz parte de quem você passou a ser. Com o que aprendeu aqui, você pode dizer: "Eu sou poderosa!". Chego a visualizar você falando isso, com um semblante suave e seguro.

Para encerrar, não posso deixar de pedir que **celebre**. Vista uma roupa que ame, pegue uma taça de espumante ou suco e festeje a mulher incrível que você é! Faça um brinde a si mesma, porque mulheres felizes valorizam suas conquistas. Em breve, quem sabe, faremos esse brinde juntas! Por ora, compartilhe essa importante vitória marcando @marcielescarton num post para que eu possa celebrar com você desde já!

Estou muito orgulhosa e realmente vibrando por você ter chegado até aqui.

Saúde, poder e leveza! Parabéns, o Grande Poder é seu!